馬路太無聊 我選擇跑酷

FLOW the CITY PARKOUR

台灣第一本跑酷入門指南

韓順全（螞蟻）作

Contents

目錄

Foreword

推薦序

01

Preface

我的跑酷生活

03

Culture

跑酷的歷史

02

Lifestyle

跑酷教我們的事

04
Guide
跑酷入門指南

Professional Course 專業課

Conceptual Course 觀念課

Fundamental Course 基礎課

05

Interview

跑酷會開啟你的想像力

Appendix

附錄

推薦序

跳過心中的恐懼

陳星合｜前太陽馬戲團表演者，星合有限公司負責人

致力於馬戲策劃與推廣。以「星光雖然微小，集合起來璀璨無比」的核心精神，呈現當代馬戲的多元與想像。

大約在 YouTube 剛開始盛行之際，Parkour 這個詞才出現在我的世界裡。最早看見跑酷的契機，應該是來自法國導演盧貝松的《企業戰士》（我也常好奇，早期武打明星成龍在電影裡的表現，是否也算是跑酷的一種？）。

戲曲訓練背景出身的我，要在空中翻騰並不陌生。不過，看著跑酷好手在城市空間中穿梭、輕鬆化解高空落地的衝擊，行雲流水的身影，仍令我十分羨慕。當時，我的 YouTube 清單裡，不斷地增加著各式各樣的 Parkour 影片。

再次與跑酷相遇，是在太陽馬戲團《KA》的後台。因故事需求，劇組內聚集了一群來自法國、跟隨跑酷源頭之一 Yamakasi 訓練的高手。沒有演出時，我偶爾也會加入他們的鍛鍊。紮實的體能課程，經常把我拉回小時候在劇校鍛鍊意志的日子。

回到台灣後，我曾參加 Chau Belle 在台舉辦的跑酷工作坊，也在練習場合中認識了許多如今台灣跑酷圈中嶄露頭角的高手，螞蟻教練正是其中之一。當時，為了尋找安全練習的場地，我們經常到處打游擊，甚至在一些灰色地帶進行訓練。無論是跑酷還是馬戲，對一般民眾來說，還有太多誤解與偏見。能有一個推動文化發展的基地，是當年我們許多人心中的願望。

說來慚愧，回顧在台灣的臉書跑酷社群貼文中，不難發現當時我仗著自己有一點毯子功、體操的底子，總是大言不慚的在社群內開示。除了擔心年輕朋友在練習時因太衝動而受傷之外，老實說我對跑酷的理解只是皮毛。更令人害羞的是，當時我總覺得自己在推廣馬戲文化，但殊不知，只是不斷地在消費太陽馬戲團的光環，實際為台灣馬戲文化的耕耘實在有限。我想是心裡的自卑感作祟，我並沒有自己想像中的勇敢。我害怕跌倒、害怕失敗，於是在抓住太陽馬戲團這根浮木之後就不願意放手了。

反觀螞蟻，人如其名，就這麼默默的耕耘累積，藉由影像作品拉近跑酷與大眾的距離，開設教室、舉辦比賽，讓更多後期之秀有機會在有系統的、安全的環境之下學習跑酷。台灣跑酷環境的建立，螞蟻是很重要的一股力量。雖然相處的機會並不多，每每與螞蟻交流都能被他的專心一致所啟發，更像是當頭棒喝，提醒自己要像跑酷好手一樣，必須專注當下，找到屬於自己並且省力的方式朝目標前進。

翻開這本《馬路太無聊，我選擇跑酷》，裡面的內容就像是一位前輩想把畢生所學分享給有緣人那樣的用盡一生的愛、迫不及待與毫無保留。

書中提及跑酷發展脈絡、觀念建立、練習步驟、跑酷地圖，甚至收集了跑酷啟發人心的真實案例，以及許多螞蟻跟自己的對話與提問。我特別喜歡〈挑戰〉、〈適應〉、〈危機〉、〈修正〉，這四個篇章。這些提問不僅能推動跑酷文化在台灣的發展，我也認為這些提問對個人生命成長也有幫助。

構思推薦序期間，我同時在幫企業規劃共識營內容，我試著從馬戲出發來談安全感，也從雜耍體驗中重新探索夥伴之間和諧交流的方式。《馬路太無聊，我選擇跑酷》在設計課程內容過程中帶給我許多啟發。

真心希望螞蟻的大作，能夠幫助更多朋友在更安全的環境下開始接觸跑酷。從人類原始的本能出發，透過爬、跑、跳、滾、撐，在運動中慢慢認識自己的身體，在移動自如的流動中找到自在與幸福。鍛鍊身體也培養觀察力與想像力，讓自己的觀點不輕易的被局限，總是透過提問幫助自己更往前邁進。透過一次又一次的練習，跳過心中的恐懼，跨越擋在眼前的阻礙。

期許最後我們能在鍛鍊的過程中發現，我們比想像中的自己還要強大。

推薦序

人生，也可以像跑酷一樣

球魁陳勇勝｜台灣花式籃球推廣者

擁有 20 年教學經驗，2015 年獲教育部體育署肯定創立球魁有限公司，並於 2014 年創辦 BallerTime 公開賽，致力推動花式籃球國際交流。國立體育大學碩士，研究主題為花式籃球推廣者的自我敘說。

你可能以為跑酷只是電影裡帥氣的飛簷走壁、跳來跳去的動作，但韓順全，也就是大家熟悉的「螞蟻」，要告訴你——跑酷，其實離我們的生活非常近。

從拍攝 YouTube 的「跑酷 VS 花式籃球」系列，到平時與螞蟻的練習時光，以及我們身為街頭文化推廣者、運動員、經營者、教育者的共同身分，螞蟻給我的最大感受就是：「一個人一輩子只要做好一件事。」他真的用一輩子的時間，在探索、實踐、分享跑酷。他不只是身手了得的跑酷達人，更像是一位認真研究生活與身體的哲學家。這本《馬路太無聊，我選擇跑酷》，正是他多年來觀察、實踐與熱情的結晶。螞蟻想讓大家看見——跑酷不只是運動，它是一種生活方式，一種態度。

螞蟻從自己的童年記憶說起——小時候誰沒玩過鬼抓人？他從這些日常的奔跑、攀爬、平衡動作中，發現了身體的本能。而這些動作，其實和跑酷的基本技能極為相似！他用這樣貼近生活的方式告訴大家：你不用是超人才能開始跑酷，只要願意動起來，其實你早就具備了基礎。更棒的是，這本書不只是談理念、講感覺，它的內容超級實用。從跑酷的歷史文化、訓練準備、場地評估，到四大訓練原則、三大運動要素，再到十大基礎動作的詳細解說，應有盡有。書中還收錄了許多「直達心神」的跑酷影片推薦，讓你光是看著，就忍不住想跟著動起來。

《馬路太無聊，我選擇跑酷》不是一本普通的運動書。它就像一位熱血又理性的導師，用最真誠的方式，帶你認識跑酷這門藝術。無論你是初學者、運動愛好者，或只是對身體與自由感到好奇的人，這本書都能成為你探索自我、挑戰極限的好夥伴。

這本書，不只是教你怎麼跑酷，更在告訴你：你的人生，也可以像跑酷一樣，突破框架，飛越界線。

推薦序

活出來的跑酷精神

奇軒 Tricking | 千萬 YouTuber，Tricking 運動員 & 教練

經營「奇軒 Tricking」頻道，累積近兩千萬粉絲。Tricking 和極武道 XMA 的教練及運動員，致力於在台灣推廣 Tricking，現主力推廣 XMA。曾獲亞洲錦標賽第一名、世界錦標賽第三名，更帶領學生在世界錦標賽拿下 3 金 1 銀 4 銅的佳績。

認識螞蟻，是在我還只是個剛入門極限運動的新手時。

那時，我一邊練「Tricking」，一邊接觸跑酷。雖然對跑酷還很陌生，卻早已聽過「螞蟻」這個名字。對我來說，他是個傳說中的人物——台灣跑酷的第一代推廣者、跑酷團隊的創辦人，帶出了一群極具實力的跑酷選手。後來，他更成立了協會與教室，系統性地傳承這項運動，讓「跑酷」不再只是危險的代名詞，而成為更多人可以接觸、理解、學習的一種文化與運動形式。

但真正讓我敬佩螞蟻的，並不只是他做了什麼，而是他怎麼做。

在螞蟻身上，我看見了一種罕見的精神：他總能拋開世俗的眼光，不被他人的期待或質疑綁架。他清楚，做任何事都不可能讓所有人滿意；但即使如此，他仍然選擇向前。推廣跑酷的路一定不好走——有誤解，有阻力，有批評。但他沒有因為這些聲音而退縮，反而愈戰愈勇，一步步把這條沒有人走過的路踏實踩出來。

我也曾親眼看見他經歷人生中不小的挑戰，那些可能會讓許多人退縮甚至放棄的瞬間。但他沒有。他總是用一種極其平靜的心態去面對，沉下來，重新整頓，再次出發。

這樣的精神，不只是體現在運動場上，而是一種活著的方式。

01

Preface

Change your Taipei

我的跑酷生活

鬼抓人遊戲的王者

我記得媽媽帶我去幼稚園的路上，有個大路口的紅綠燈，我都會攀附到那個紅綠燈的燈柱上。也許從那時起，我就注定是一個不墨守成規的狂人。

我的國小時代，學校裡的遊樂器材有木頭與麻繩打造的、也有鐵製的單槓與攀爬架，相比後來出現的塑膠罐頭公園，那時的遊樂器材算是相當有趣，每節下課時間，我總是立刻跑到木造的遊樂器材區，跟同學們玩「鬼抓人」、「紅綠燈」。我們規定不能掉落在地上，我們在器材上層比誰跑得快，下層看誰攀爬厲害，還試著在盪鞦韆區的高空木條上保持平衡。當時的我並沒有做過專業或特殊訓練，卻總是能在鬼抓人的遊戲中顯得突出，因為在上層我的跑跳速度比別人更快，在下層我的攀爬輕盈流暢，到了高空我走木條的平衡力無人可及，我曾經是那個遊樂區的霸主。

當時的我只是本能的展現天賦，我只想著怎樣跑得更快、跳得更好，卻忽略了好玩的遊樂器材中，還隱藏著各種受傷的風險，等到我親身嘗試並失誤的時候，才知道受傷的痛覺與不便，不過還好年紀小，身體受傷的部分好得很快。

就在這種遊戲的環境下，在我不斷嘗試成為「鬼抓人遊戲王者」的過程中，已經悄悄地在鍛練我的身體。

直達心神的跑酷影片

到了國中高中，由於周遭同學社群的影響，開始參與各種球類運動，我很喜歡運動也很好動，於是決定讀了運動休閒學系，在我大學二年級的時候，在剛興起的網路平台 YouTube 上，看到了一部叫「Russian Climbing」的跑酷影片，雖然當時畫質低得不過解析度 360 左右，那支影片卻直達我的心神。**影片前段是主角展現他在公園自我訓練的各種跑酷技巧與體能，到了中段他開始攀爬大樓，在城市的建物中自由地穿梭與移動，又在半路上遇到另一位跑酷玩家於是開始雙人跑酷，影片的最後兩人在大樓上擊掌道別，繼續前往各自要走的道路。**

看完影片後我的身心備受啟發，無法解釋原因，但我的直覺告訴我必須開始這項運動，我立馬開始上網尋找跑酷相關資料。當時的跑酷資源稀少，我又還在台東讀大學，只能先找一些國外的網路教學影片自行嘗試，但我也不是什麼天賦異稟的運動怪物，自學很困難也很挫折、更容易受傷。後來我找到一個網站「台灣跑酷論壇」，那裡聚集喜歡練習跑酷的人，他們會互相分享國外比較先進的教學影片，也會一起參與交流討論不同主題。

面對恐懼與克服障礙

有一天，我終於在網站中找到唯一在台東的訓練者「阿糾」，我們相約某天下午出來訓練，他教會了我一些撐越的動作。就這樣，我們每週末一起出來訓練，大概訓練了接近半年，阿糾就前往高雄當兵了。阿糾離去後我還是不斷的訓練，後來我搜尋與吸收網路跑酷資料的能力也提升許多，更不斷的嘗試自學各種動作。

我為了要學一個壁轉（Wall Spin）的動作，剛好得知學校有舊體操館，就在系上老師的推薦下，體操館的教練允許我在不打擾他人的前提進去練習。壁轉是一個有技術難度與需要克服心理的動作，從室內熟悉動作到戶外實牆完成這項動作，我依稀記得花了要大半年，**這種面對恐懼與克服障礙的體驗，是我在前面那些基礎動作訓練時沒感受過的，我想就是這種超越自我的感覺深深的吸引我，讓我像上癮一樣喜歡上了跑酷**。

從跑酷接觸到特技圈

從二十歲正式訓練跑酷起，持續著體操館訓練與戶外訓練後，我也開始接觸後空翻的特技動作。在體操教練的邀請下，我跟同行的同學一起加入體操隊訓練，雖然我對體操的運動與文化不算熱愛，但考量到當時台灣跑酷還相當冷門，我認為加入體操訓練對我將會是巨大的幫助，因此**開啟了兩年的體操訓練直到大學畢業**。每週我至少會訓練四天，每次超過兩小時。也是這個過程，**讓我不再只是跑酷運動的愛好者，而是正在變成一位特技表演者**。

畢業後當兵的一年裡，每次放假我都會參加台北的跑酷聚會，也是在這些交流中我才漸漸發現自己的跑酷實力已經在台灣前段了，這讓我開始考慮將跑酷作為我運動的主項目，認真的看待跑酷是否能成為一個職業。當時我在台北跑酷圈有點名氣，加上我一百八十八公分的身高，被特技公司的朋友看中，找我到他的公司練習基本武打特技、摔反應等動作，每當遇到需要跑酷動作或身高較高的替身時，就由我幫忙出班，畢竟長得跟我一樣高又這麼靈活的人很少見。

跑酷接觸到特技圈這件事，在台灣早期從事跑酷的人很容易會遇到，當時的跑酷與武術、特技等文化是相互重疊的，我們會用一樣的場地一起交流。不過對我來說，最特別的轉折點是二〇一五至二〇一六年。

改變台灣人的跑酷認知

幾乎是整個二〇一五年，我與幾位台北地區實力很好的跑酷朋友，規劃拍攝了一部跑酷影片《Change your Taipei》。這部作品結合了台灣最好的跑酷運動員，在台北知名的各大景點，挑戰動作極限與創造獨有的跑酷風格。影片在 Fun Action 的 YouTube 頻道裡面，你可以上網搜尋，看看這部對我來說獨具意義的作品。

這是屬於台灣全新的跑酷詮釋方式，**我們展現了年輕有活力的特技動作，帥氣潮流的風格與台灣景點，讓過去認為跑酷是屬於武術家們的苦練修行印象**，新增了也能很酷很帥的形象。雖然其實英國從二〇一〇年就有這樣的突破，但是我想對於民眾來說，看到國外做到和看到國內有人做到，那將是不一樣的感受與衝擊。我想人們會發現：「哇！原來台灣也有人在跑酷！原來台灣的場地能與跑酷這樣互動結合！原來台灣人也能做到這些程度的動作！」就如影片的標題「Change your Taipei」，將會改變台灣人們對跑酷的認知。

除了自製一部偉大的作品，我在二〇一五年尾，收到以前大學系上教授的訊息，他介紹運動品牌 361 的行銷企劃給我，說他們正在尋找合作的跑酷運動員。我去了他們的工廠與老闆見面，談定為期一年的合作代言，出席與拍攝品牌二〇一六年的活動與宣傳。就這樣，**我成了台灣跑酷圈第一個品牌代言人。從那一刻起，我才意識到我不再是跑酷愛好者，我是一名「跑酷運動員」；我不再只是一個很會跑酷的人，我還代替著跑酷群體面對大眾。**

堅持做十年的「大事」

坦白說，我從小到大都是一個對競賽勝負的結果相對不特別在乎的人，可能是因為我從小就有點過動，對我來說運動是很必須的事，我覺得運動的過程很快樂開心就好。比如國中以後我就很喜歡打籃球，是因為打籃球的過程認識很多好友、而且獨自練球的時光也很有趣。所以其實一開始我對參加國外跑酷競賽、或國內舉辦比賽完全沒興趣，二〇一四年跑酷協會內部還在爭吵辦理跑酷比賽是否會傷害跑酷精神的時候，我是持中立並不支持哪方的狀態，我不需要透過比賽證明自己、也不打算使用比賽項目與政府打交道，但如果跑酷協會舉辦比賽時需要我的運動專業背景，我一定會盡力而為。

不過，在跟361的品牌合作後，大大的改變了我對於競賽的消極態度。

我依稀記得，有一次與記者們餐會。

記者問：台灣有跑酷比賽嗎？

我：沒有，因為跑酷圈的大前輩們不太支持也有爭論。

記者說：那辦比賽的責任，就在你身上了。

雖然只有接到一年的代言，但我從中學習與領悟到了很多過去我沒想過的事，比如說「何謂運動員」。我開始在乎我要做事情的深度涵義，必須讓我真的找到其中的意義（非物質），我才能毫無保留的前進。

要舉辦競賽，就要產出運動員，我花了三至四年透過自身代言361品牌、參加各類產品廣告「冠名」演出、還有經營個人YouTube頻道分享訓練生活vlog，經歷了這些過程，**我對運動員與競賽間有更深的理解後，我在二〇一九年跟台中廣三SOGO百貨合作，辦理中華民國跑酷協會第一屆跑酷比賽**（YouTube有賽事精華）。

其實過往各大跑酷團體也曾舉辦過比賽，但性質更像社團活動。從這場開始，算是首次具有嚴謹的賽事制度與裁判、場地器材有一定規模、有廠商進駐。我期望未來能繼續堅持辦理，由於疫情的那幾年耽擱，目前舉辦到第三屆，我的目標是辦理十屆，其中「挑戰賽」是我多年思考與實際嘗試，新發明的獨創賽制。就像我對自己練習跑酷與開立教學公司的期望相同，至少做十年。**能堅持做十年的事，才叫幹大事，我很熱衷於幹大事。**

傳承理念與態度的悍酷

運動品牌361代言那年，我為品牌出演了一場在台中百貨公司大廳的跑酷表演活動。為了那場表演活動，他們特別撥預算製作專業的跑酷器材，我和一位懂木工的跑酷朋友模仿國外的製作方式，得到了我的第一組跑酷專業器材。由於表演完這些器材對廠商也沒有用途，他們就贈送給我了。

一開始我只能先放在做特技公司朋友的廠房中，廠房位在郊區，對小朋友學習來說交通不便，我便思索決定要開設一間小工作室，除了自己可以練習外，也可以給小朋友上課使用，便成立了「悍酷HANKU」這間公司。二〇一七年開業至今，學員人數已破千。

悍酷的成立有著營利以外的理念，承接了我大學時期到體操館訓練的故事背景，體操教練把我當作自己家人，把體操館的大門鑰匙交給我，給我無限的自主訓練時間，信任我並培育我。如果沒有台東大學體操隊的經驗，我想我不一定能達到

我的第一組跑酷專業器材

運動員的水準。那些辛苦的日子，我每週固定時間到場館練習體操，練完再留下來自主訓練跑酷，每週至少四天、每天三小時以上，無形中培養了我成為運動員般的技術與態度。感恩於此，我必須要有一間直屬於我的公司，來傳承這個理念與態度。

成為創造環境的人

悍酷的經營也讓我從一個運動員轉變成一個經營者的角色，**我不只要關注自己的成長，還多出了關注他人成長的任務。從一個適應環境的人，轉變成創造環境的人。**當運動員的時候，我專注在於自身的成長與高度，視角從自身的觀點出發，目標只要把自己做到最好就好；當我轉變成教室的經營者以後，視角轉換成從一個教室的觀點出發，這間教室的理念是什麼？這間教室的制度是什麼？怎麼教育才能發揮出教室中人們的最大潛能？

當我成立教室以後，也開始背負中華民國跑酷協會的教練培訓職務，我的視角又再度變化成從一個台灣整體的觀點出發，怎麼做才能達成推廣的目標？該如何統整不同的觀點與意見？怎麼做才能呈現出整個台灣跑酷的最大力量？

我 ↓ 團隊 ↓ 群體 ↓ 自身 ↓ 公司 ↓ 國家

這個視角的切換，對我來說學習到了很多，如果無法抽離角色去思考這種抽象概念，會導致人群無法團結。我還是持續的在學習中，發揮出群體的最大力量是永恆的題目。

挑戰人身自由極限

當然我絕不是個完美的人。打從我在兒時攀爬上紅綠燈柱時，也許我就不是一個多麼在乎外界目光的人，我總是相信著自己想完成的目標，盡力去前進與挑戰，這條路上卻不免讓周遭的人感到介意或產生一些問題。

二〇一七年我開始更新個人的YouTube平台，展現我在台灣各處跑酷的故事和挑戰。二〇一八年，我在苗栗古蹟龍騰斷橋，嘗試做了一些我個人認為不會損害到建物的跑酷動作，遭到主流媒體的關注與社會的質疑。我因為看過有些民眾接觸斷橋建物的照片，就認為一些力量較小的動作也可以嘗試，卻忽略了當時跑酷運動的社會觀感，也因此，我從上傳影片起，就這樣一路被廣大的網友質疑。

二〇一九年我製作一部新片「台灣跑酷屋頂流 Taiwan Parkour Roof Culture」，一部具有相當高風險的高空跑酷特技，源自於國外知名跑酷團體 Storror 在二〇一四年影片「Roof Culture」所開創的全球跑酷新潮流。我雖已經有這些動作實力，卻還是不免懷疑是否該做這樣的作品，畢竟我的身分不再只是一位跑酷愛好者，可能還代表著跑酷群體，我清楚這種高空的跑酷特技在台灣市場不易接受。思考了一兩年，同時繼續製作 vlog 測試台灣社會的接受度，才終於在自己的身心技都準備完善、社會接受度也可能合適時，挑戰製作了這部作品。

作品在剛發佈時，一個月內得到了一千個以上的倒讚，在五年內累積得到了一萬五千個讚與一百萬次觀看的流量。**這是極具爭議的跑酷影片，不只是挑戰我個人的技術與精神極限，也挑戰了台灣人對建築使用與人身自由度的極限。**

深度挖掘自我的意義

這樣的分享並不是要告訴你，我的行為是站在正確的那一方。事實上我知道這是所謂的灰色地帶，法律上可能涉及侵入住宅（告訴乃論）；物理上絕對具有死亡的風險，無論你的能力多好；情感上，愛你的人肯定心驚膽戰不能支持。

所以我強烈建議你不應該為了他人的慫恿，網路上別人的按讚支持，而去做這件事情。**你必須深度挖掘自己心中的想法，思考出那個你付出生命代價也要達成，比自己生命還重要的某個目標**（如果他人的按讚比你的生命還重要，我也服了你）。他人的聲音與反應只是附帶的，你要相當確定一件事情，如果你做出這種行為後，得到的反對聲浪比支持的多，你是否會毫不介意的繼續你該完成的目標？至少我是如此。運動就是我的天命，爬高是一個我從小就有的愛好，加上後天練出跑酷的技能，經過多年思考後，確定屋頂流是我想挑戰的項目之一，在謹慎評估與持續鍛鍊下，我願意付出生命的代價去嘗試這個項目，就像人類知道前往外太空要冒著火箭爆炸的危險一樣，人因冒險而偉大。

簡單來說我想告訴你，盡力去思考與衡量你做事的自我意義，如果這個意義大於你的生命，就去做吧！這就是我做這些行為背後想傳達的意義之一。

寫一本傳達跑酷深度的書

我開始製作影片以後，發現影片可以讓很多人知道跑酷，但也許書本才能傳達深度。**很多人對於跑酷的誤解，來自於沒辦法理解這個文化與思考方式**。

二〇一〇年我剛開始練習跑酷運動的時候，在公園訓練也會被民眾投以異樣的眼光，他們並不知道我在跑酷，會懷疑我們是屁孩正在做危險的壞事，有些是禮貌的勸說，也有些用惡劣的態度罵人，更別說網路酸民的指教了。十年過去後，經過全台灣跑酷人的努力推廣，跑酷這兩個字大眾已經知道了，大家都知道我們是在做一個運動項目，在公園訓練時家長們都會跟小孩說明，他們在練跑酷。

由於跑酷的崛起與自媒體的興盛相當有關連，是傳播方式讓跑酷運動散播得很快。跑酷從一九八〇年的法國開始，卻是到了二〇〇〇年才擴散至全球，至今不到五十年的歷史，已經是個全球運動，近期還有加入奧運項目的討論。但風行速度之快，也帶來一些不可避免的缺點，**藉由電視、網路等媒體的傳播，人們很自然地模**

仿了各種表層的跑酷動作，卻不一定能夠理解跑酷運動的核心精神與起始原因。

此時跑酷具備多元發展的可能性，但也缺乏自我拘束的文化要求。在西方的跑酷影片裡，也有不少跑酷影響力巨大的人，但品行卻不一定能搬得上公眾檯面，跑酷原本以地下文化崛起，也因此受限於地下階層的某些陋習。好在台灣跑酷圈早期發展時有一些本土化的道德規範，比如說不亂丟垃圾、不妨礙路人等，才能讓台灣跑酷圈的發展得宜，而**我認為出版跑酷相關書籍，將會幫助更多人知道跑酷運動的深度意涵，改變更多跑酷參與者的思維**。

至今還是會有人問：跑酷不用戴護具嗎？跑酷為什麼不去專用場地？跑酷是危險度高的運動？練跑酷是不是體能要很好？太多的疑問存在，我認為很難只用影片媒體平台與大眾溝通。經過了幾年的沉澱與思考，也受到周圍朋友的激勵，我把原本已經放棄的「出一本跑酷書」的目標重新拾起。**一來希望這本書能重新塑造跑酷運動的深度與意義，二來也是對自我的要求，希望從中訓練出寫文章的能力，三來也希望學習跑酷的人都能從中受惠，讓這本書對台灣跑酷具有歷史意義**，接下來就讓我們開始認識跑酷吧！

Unit of Parkour

❶ 挑戰

什麼是跑酷精神？

跑酷練習者在訓練跑酷後，都會說到有關跑酷精神的話題，但什麼是跑酷精神呢？**跑酷精神是個抽象的概念，是在跑酷訓練的「過程」中受啟發而產生某種態度的「結果」**。這個訓練過程是透過學習跑酷動作、巧遇的跑酷朋友、選擇的跑酷教練，綜合以上各種原因結合而成。

當你準備完成一個跑酷的挑戰時，你感受到心中的恐懼與不安，你不間斷的訓練體能與技巧，你心中再三告訴自己「我可以做到的」，接著當你完成挑戰，克服心中的恐懼做到動作時，彷彿感受到莫大的喜悅，你告訴自己「辦到了！你超越了自我！」我想這就是跑酷這麼吸引人的原因之一，無論動作的難度大小，只要能完成屬於自己的挑戰，你都能感受到成長與喜悅。

除了自我訓練時感受到的成長，在與跑酷的朋友們交流時，不同的朋友也會帶給你不同的觀察與想法。一起練跑酷的時光，也會感受到不同的能量與可能性，有很多動作的想法是可以透過朋友的啟發與激勵創造出來的。最後還有教練給你的指導與啟發，那些能夠帶領你進步與成長的師傅，無論他們是自己身體力行或是口語的傳達，都會幫助你更加確信與理解這些跑酷精神。

每個人練習的場地、文化、動作可能不盡相同，可能因此有著截然不同的跑酷精神，因此我們要尊重別人「透過自己的過程」所理解的跑酷精神，並包容多元的想法與理念。只要重視「過程」，無論你天生運動素質高低，都有相對適合自己的挑戰與風格，去認識自己的能力、尋找自我的風格，由你自己長期的訓練去創造「過程」，最後得到的思維想法即是「結果」，這就是屬於你的跑酷精神了。

我的跑酷精神

在談跑酷精神之前，先定義一下什麼是精神？在醫學上「精神病」，通常是指心理的疾病，即是大腦相關的身心疾病，但是按照英文上精神醫學 Psychiatry 的字首，相關聯應該是指心理學 psychology，但我這邊要定義的是精神 Spirit。精神 Spirit 按照中文字面上的意思，我分拆成精力與神性解釋。精力是你天生擁有的身體力氣與活動力，有點類似生物學中身體裡三磷酸腺苷 ATP 的製造能力或數量多寡；而神性並非宗教或靈性的神明，我們心中抽象概念的神，是我們所期望與期待的模樣，當一個人接近人群的期望與期待，就會被稱作神，例如：籃球之神、漫畫之神、經營之神等等。因此我所定義的神性，就是指人要成為心中期望的樣子時，所要展現的個性與品性。

所以**我定義的精神（你也可以有自己對精神名詞的定義），是你用自身的能量（精力）去完成你心中的期望（神性）**。

比如說企業精神，是企業員工所具有的共同內心態度、思想境界和理想追求；跑酷精神，就是跑酷訓練者們所具有的共同內心態度、思想境界和理想追求。基於以上定義，我開始思考跑酷人在追求什麼呢？於是我發現了大部分跑酷人可能在意的幾個元素，超越自我、勇於挑戰、風格創意、動作流暢、適應能力等，其中流暢、適應性我放在了指導跑酷的四大訓練原則，挑戰、風格我則在跑酷協會所舉辦的跑酷比賽實驗中（二〇二四年辦到第四屆）。除了觀察跑酷人們共有的精神之外，我也往內心探索自己的精神，我的跑酷精神中有著「挑戰社會的框架」，我沉醉於發現並打破那些被不合理的束縛，用我的精神（精力與神性）與行動（跑酷是其中一種）去向世界提出詢問「我們何以用此框架活著？」

02

Lifestyle

Parkour, Our Lifestyle

跑酷教我們的事

法英奧日韓的跑酷文化

近年來，跑酷這項運動透過影片和社群媒體的傳播，在世界各地迅速發展。跑酷不僅是一項體能挑戰，更成為探索自我、突破界限的訓練。許多國家成立跑酷組織、協會，定期舉辦賽事和活動；有些國家的跑酷選手，則用「個人」的方式翻轉大眾對跑酷的認知，從攝影、身體練習，開創出屬於自我的新風格。現在就來透過探索五個國家的跑酷文化，認識不同的跑酷生活。

整理撰文—曹雅晴

法國

Yamakasi

從大自然訓練法到現代跑酷
Founding of Modern Parkour

大衛・貝爾被認為是現代跑酷的創始人。受到父親雷蒙・貝爾的影響，從小接觸喬治・伊伯爾的大自然訓練法，並與朋友們組成 **Yamakasi 團隊，透過影片和照片展示他們在城市中進行的訓練**，受到廣泛流傳。由於與隊友們理念不合，大衛・貝爾最終退出團隊，於一九九七年正式將此項運動命名為「跑酷」，強調**跑酷的精神為克服恐懼，在自由、效率、流暢中探索並突破自我**，最終達到身心靈的和諧與強大。他的理念和風格不僅影響跑酷運動的發展，也啟發全世界無數跑酷愛好者。

奧地利

Red Bull

舉辦國際性的跑酷賽事
Gathering the World's Best Parkourer

奧地利的**紅牛公司舉辦的國際性跑酷賽事紅牛跑酷藝術**(Red Bull Art of Motion),自二〇〇七年首次舉辦以來,吸引了全球頂尖跑酷運動員參加。比賽場地通常選在極具挑戰性的城市或自然環境中,如希臘聖托里尼、巴西里約熱內盧等,這些地形為運動員提供發揮創意的舞台。**比賽不僅強調速度與技術,還注重創意、流暢度和風格**,參賽者必須巧妙運用場地的特性來編排跑酷動作。這場**賽事更將跑酷文化推廣到全球**,促進各國跑酷社群的交流。

英國

Storror

極限創意看見跑酷魅力
Challenging the Limits of Parkour

提到跑酷,許多人首先想到的就是**英國跑酷團隊Storror**。由七位成員組成,他們經常前往世界各地拍攝,**以高難度且創意的動作編排聞名**。影片中不僅展示精湛的技巧,也深入記錄幕後,透過鏡頭呈現真實的挑戰過程,讓觀眾感受到跑酷的魅力。特別的是,團隊自二〇一〇年創立至今成員從未變動過,彼此的友誼及合作默契成為他們長久經營的關鍵,也帶起了成立跑酷團隊的風潮。另外他們還**參與了跨國影視、廣告、時尚等商業合作**,並推出自有品牌的跑酷服飾,是一個全方位的跑酷團隊。

韓國

Jiho Kim

落實跑酷即生活的韓國選手
Living Parkour as Lifestyle

南韓跑酷選手金智浩強調跑酷精神中的自由與創造，**回到最根本的身體練習，熟悉自己的身體，理解與掌握界線，進而探索潛能。**同時，他也將跑酷視為生活風格的體現，舉辦結合哲學及跑酷的工作坊，帶領學員直面自身的焦慮，首先透過身體課程，在城市障礙物和不熟悉的動作間探索焦慮，再經由思考課程傾聽內心焦慮的聲音，學習自我恢復。**他為跑酷領域開展了大眾性，**即使非跑酷愛好者，也能**透過跑酷動作的基本訓練，練習身心靈的表達與自由**。

日本

ZEN

跑酷與攝影結合的藝術行動
Exploring Parkour as Art

跑酷在日本發展出另一種流派，結合跑酷與藝術，其中的代表人物為ZEN（島田善）。他的作品以精美的攝影和故事敘述進行藝術探索，**使跑酷不僅是體育運動，更成為表達情感和創意的藝術形式。**二〇二〇年在東京舉辦〈SEE THE WORLD DIFFERENTLY〉攝影展，走進大樓樓頂、廢墟等場地，透過鏡頭呈現的視角，展示了他在跑酷過程中捕捉到的瞬間和感受，重新詮釋人與環境的連結。**這場展覽引領跑酷跨足藝術領域，讓更多人了解跑酷文化**。

Parkour Girls × Kids × Pros

用跑酷長出自己

採訪整理｜許凱棣　攝影｜倪玭瑜・曹雅晴

跑酷不是為了帥，而是為了成為自己。
從漫畫迷上跑酷、持續訓練超過十一年的跑酷女生 Annie，
從童玩營地跑到稱霸大桃園地區兒童跑酷界的小馬哥，
到與螞蟻共同經歷無數青春的跑酷團 Fun Action 團員阿公，
他們翻越牆面、也翻轉了人生路線圖——
在自由流動的練習中，每一步都長出更清楚的自己。

HANKU
強悍的心靈

HANKU

Girls Defy Limits
我學會了接受隨機性和不完美

透過練習和試探，重新掌握我的身體

開始跑酷之後，我感覺自己發生很多變化。最明顯的就是，我養成了持續運動的習慣，並且學到許多額外運動知識。比如說，**為了完成特定動作，我必須增強身體的某些部分。**例如，「上牆」的動作，我需要手腳同時發力，

Annie
跑酷運動資歷十一年

一切的開始是在漫畫裡看到一個角色踢破窗戶，邊說：「我做的是跑酷。」從那時候開始跟著一群喜歡跑酷的人團練，同時保有自己練習的彈性。

把自己撐上去。為了做到這一點，我額外加強手臂、背部的力量訓練和協調性。

因為我住得比較遠，大多數朋友都在台北，所以平時我多半是在桃園自己練習。到了假日，我會安排一天來台北和大家一起。**自己練的時候，能更深入地和自己的內心對話，了解自己的狀態**。當然，和朋友一起練習時也會有不同的效果，尤其是當我需要突破一些讓我感到恐懼的動作時，旁邊有朋友鼓勵我會有很大的幫助。透過練習，我也慢慢開始了解自己的身體素質，透過不斷嘗試和突破，在過程中重新理解自己的身體和建立掌控感。

我在跑酷動作裡和不確定性相處

跑酷時，情緒對我的影響非常大，尤其是在面對挑戰的時候。即使我能力上能夠完成某個動作，但會因為恐懼影響我的表現，讓我的動作變得僵硬不自然。這時我通常會暫時放下這個挑戰，或者改變自己的心態，嘗試一些相對簡單的動作來重建自信。

有一次我挑戰側空翻要飛越某個場地，那個場地只有兩天可用，如果不趕快完成挑戰，機會就會消失。我花了很長的時間做心理準備，因為之前有很多朋友因為練這個動作受傷。那時朋友也在旁邊鼓勵我，最終我成功地完成了這個動作。那一刻我感到自己克服了恐懼，突破了心理上的障礙。克服恐懼的心路歷程，不僅適用於跑酷，**這種對不確定性的接受和調適，也在我的日常生活發揮了作用**。我學會了接受隨機

性和不完美，這讓我在面對生活中的挑戰時，也保持著一種更加靈活的心態。

我最喜歡的動作是「金剛撐越」，也是我花比較多時間練習的。對我來說，它可能也是最困難的動作之一，因為女生的骨盆比較重，在做這個動作時，平衡會比較難以維持。反過來說，**女生相對優勢的，就是和柔軟度相關的動作**，比如說前手翻。

沒想到因為跑酷，我當了廣告演員

不過跑酷讓我印象最深刻的事情，是能夠接到廣告拍攝的機會。第一次是為昆凌做替身，做一些高難度的動作。另外一次，我在嗨啾廣告中飾演一位穿著西裝的上班族進行跑酷。隨著經驗增加，開始有了露臉的機會，我還曾經為新光三越的週年慶廣告拍攝過，那次我是主角群之一。

還有一次是和KID一起拍攝能量飲料廣告，那時候做了高難度的跳樓動作。我記得那次拍攝，從大約五公尺高的樓頂跳下去，下面有一個大型的空氣氣墊接著我們。這種跳樓經歷，真的是既恐怖又令人興奮，尤其是當你彈到空中看到大樓邊緣的空曠地帶，那種感覺特別強烈。

跑酷帶我用不同方式與環境互動

跑酷的人多少會有一種想要挑戰規則的傾向，**這種挑戰體制的特質，或許可以被視為一種自我表現的方式**。有些人可能會透過服裝來展現自己的特立獨行，跑酷人則是用身體。**我們會做一些看似不符合常規的動作，這可能會讓一般人覺得我們有點特別，甚至有點叛逆。**

通過跑酷，**我也學會了用不同的方式與環境互動**。比如說，當大家去到一個景點時，只會走走、拍拍照，但我卻可以在那裡做一些跑酷動作，這讓我能夠以一種更有趣的方式與環境進行交流。出國旅行的時候，通常會先觀察一下場地，特別是當地的公園或者建築設計。**我們會仔細摸一摸建築材料**，確保它們夠堅固，然後才會決定在那裡做跑酷動作。這樣不僅確保了安全，也能讓我在不同的國家用跑酷的方式探索新環境。

Kids' Cool Flow
他會開始幫自己設定目標

小馬哥和媽媽
小朋友跑酷資歷兩年

目前稱霸桃園的兒童跑酷界，和教室的朋友組成人稱「三劍客」的小小跑酷團。對於跑酷有雄心壯志，希望打敗外國人、進軍國際！

從模仿開始的跑酷之路

有一次，我們帶孩子和朋友一家一起去露營，當時他還很小。朋友家的大哥哥正好在玩跑酷，他在溪邊攀著石頭爬來爬去。小馬哥看到後，立刻開始模仿那個大哥哥。整整三天兩夜，玩得很開心。後來，有一次我們在運動中心看到了跑酷課的招生廣告，我就問他說：「欸，有跑酷課欸，你要不要去上上看？」他馬上就答應了，結果他非常喜歡，從那次體驗之後就一直上課到現在兩年了。

我們上的都是團體課程，教練會先教一些基本的動作，然後再把這些動作串連在一起進行連續的練習。我覺得他的招牌動作是「壁轉」，是一種看起來很簡單，但其實操作不容易的動作，他轉得非常流暢。

在家裡跟著感覺走的自主練習

我們有時候會在家裡練習空翻，甚至會串成一個 flow（組合動作）。在家裡的練習，基本上都是隨興而來，我們不會事先討論怎麼做，房間就這麼大、動作比較容易受到限制，但**他會根據自己的感覺去安排動線，畢竟小朋友比較直覺**。

像是，側空翻、前空翻、前手翻這些動作。他會在有高度的地方練習，但專業的訓練墊子很貴，我們選擇最省錢的方式，鋪了家用床墊當作緩衝。他也會自己錄影片，然後傳給教練看，請教練給他一些回饋。

即使感到害怕，還是去做

問：「那你學了跑酷之後，對於做其他困難的運動會感覺比較輕鬆嗎？」

小馬哥：「會，身體會比較靈活。」

問：「那在練習害怕的動作時，你會和自己說什麼嗎？」

小馬哥：「就做啊。」

問：「你沒有感到害怕嗎？」

小馬哥：「我很少感到害怕。」

學習跑酷後，他說他發現自己的力氣變大、移動的速度也變的更靈活。至於我自己的觀察，我覺得他變得成熟，因為他接觸到的教練大多是像大哥哥一樣的榜樣，他們的感情也很好。**他也會開始幫自己設定目標，不再只關注玩具，而是會想著要完成某些動作，達成一些事情，我認為這是他上跑酷課最大的收穫。**最近他給自己的目標是，希望可以在十二歲之前，空翻下台大校園內一百八十公分高的紅牆。

隨時隨地就能開始「玩」

跑酷不像是一定要有一顆籃球才能打籃球，或要有球拍才能打羽毛球。**跑酷不需要特定的裝備或場地，只要靠自己的想像力，隨時隨地都能進行**。同一個場地，不同的人可以做出完全不同的動作。

所以有時候，我們**走在路上看到樹或椅子，他都會想著是不是可以做一些跑酷動作**。他會說：「媽媽，我覺得我可以試試看。」我也不會阻止他，就讓他自己發揮，沒有受傷就沒關係。我承認自己是神經比較大條的媽媽，有時可能和爸爸的想法稍微不太一樣，但在我們討論的時候，他就會去做了。

Playful Pros, Parkour

練過跑酷後，世界會變得不一樣

—以下受訪者螞蟻以蟻、阿公以公代替—

跑酷夥伴生涯裡，印象深刻的合作經驗？

公 我們有很多合作經歷，太多了，無法一一講完。有一個我覺得印象深刻的，是很早期的合作。在淡水漁人碼頭。那次我們是去表演，早上先去晃晃，然後拍個影片。我覺得那次很好玩，因為那個地方我沒去過，場地也很豐富。**跑酷符合我的個性，我喜歡到處走動，讓我有更大的空間和挑戰。**

螞蟻和阿公
資深跑酷玩家

打從在體操館就認識，出社會以前一週見面五天，一起訓練一起玩還有講垃圾話，成立了跑酷團隊 Fun Action。出社會以後，因為有更多事情需要「操煩」，阿公跑酷人生暫休中。

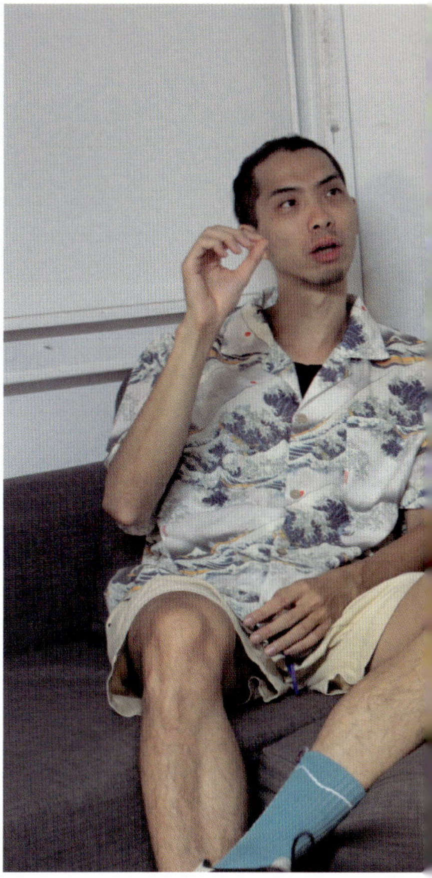

蟻 **我們會挑選一些灰色地帶來跑酷**。就是那些法令上沒有明確禁止，但一定會被警衛趕的地方。

公 比如捷運站外面的設施。

蟻 或是別人家的屋頂。

公 但我們不是為了挑釁，也許從外人的角度上看起來像是，或像是在做傻事。但對我們來說，是在不斷突破自我，挑戰更高層次的技術。

蟻 因為我們會看到國外的影片，他們已經有這些難度等級比較高的作品，**我們會想說台灣人也能夠做出類似的樣本**。不然一直會有人懷疑，台灣人不能做到那個程度，會覺得那是外國人玩的運動。

在挑戰高度時，還會感到恐懼嗎？

蟻 會有恐懼，但那是每個人都會經歷的。**我和阿公的共同點是，我們覺得在高處風景更好看**。有時我們爬到屋頂或高處，不只是為了跑酷動作，而是為了欣賞風景，這也給了我們不同的視角。

公 我們不只是要克服高度的恐懼，還要在這種環境下完成技術動作。

你們有感覺到年齡增長帶來的變化嗎？

公 年紀大了確實容易感到累，體力下滑得很快。以前我們可以從早練到晚，但現在的時間不像以前那麼自由。現在因為工作的關係，訓練頻率少了很多。可能一兩個月才練一次，生活變得忙碌，也有很多其他事情可以做。

蟻 除了體力變差，我覺得心態變老是第一個關鍵。已經找不到想要更往上提升的動力了。我自己覺得，已經找不到技術進步的理由，因為我一定追不上國外的水準。

有想過嘗試一些不同風格跑酷嗎？（例如，最近在社群影片上看到嚴格說起來不能稱為跑酷，或是不太能命名的動作。而是運用身體和環境做不同的互動，像是 Matt McCreary 那樣的軟爛派？）

蟻 我知道 Matt，那種風格比較像是藝術展現，我個人不太會去嘗試。因為我們的動作、外型、心理內涵都不太一樣，那比較偏向藝術表演的路線。**跑酷的核心其實是運動和藝術的結合，這兩者之間的界線比較模糊**。像 Matt 一開始也是偏運動員的路線，但隨著時間，他慢慢轉向了藝術家。他應該花很多時間去思考自己的身體，探索哪些動作和風格可以與眾不同，這需要花費很多時間思考和沉澱，是我們比較難做到的。

公 我會想要嘗試，任何東西我都想試試看。

蟻 像 Matt 所在的國家（愛爾蘭），跑酷的基礎已經很完善，練到那個水準相對容易。而我們在台灣還在努力搭建運動員的架構。藝術家層級的發展是頂層的事，這還需要時間和努力。我們以前打基礎，推動跑酷運動員這個概念都打了很久，現在才逐步有了教練、運動員的制度。

你們覺得跑酷人的核心價值是什麼？

公 不怕苦吧。保持熱忱和好奇心，勇於挑戰。好奇心就像是你永遠保持一顆「赤子之心」，對跑酷充滿好奇和探索精神。**就像小朋友玩玩具一樣，一直保持可以玩很久的心態**。思考在不同場地可以有怎樣的經驗累積。

蟻 我也同意這個概念。不過我看到蠻多跑酷人不是這樣想，他們沒有這麼熱衷於找新的場地，看還有沒有不一樣的挑戰可以做。對阿公來說，**可能他只要會十個跑酷動作，也可以跑一萬個地方去嘗試**。不過另外的觀察是，不同人追求的也不一樣，有人著重在技巧，就會在習慣的地方一直練，把他的招越練越好。

感覺你們的腦袋已經因為跑酷有不同的思考路徑。

蟻 對，我們叫它「跑酷眼」。**練跑酷之後，看世界的角度會和其他人不同。**

公 比如我們看到路燈、電箱，或者殘障坡道時，**普通人可能不會想到要用這些設施來做運動，但我們會。這就是跑酷眼，**練過跑酷後，世界會變得不一樣，會看到各種可以運用的物體。

蟻 例如，對你們來說上下樓，一定要搭電梯或走樓梯，但我們會看他的外觀有什麼其他可以上升和下降的方法，只是要做或不做而已。

看見各國跑酷文化的差異？

蟻 我跟阿公第一次出國是去新加坡考國外的跑酷教練證。新加坡跟台灣其實蠻像的，氣候、人文接近，但我不太確定他們對跑酷的想法。我們去的時候都是在開放空間像是公園的地方練習，不過他們的公共設施比台灣穩固，像欄杆是直接施打在水泥裡，更安全。這幾年台灣的公園，已經好玩很多了，大概是我大學的時候，罐頭公園超級多，對小朋友來說根本沒有玩的樂趣。至於日本的跑酷文化與西方國家有很大不同。他們的訓練文化相對保守，不會去做一些像西方那樣的危險挑戰。他們的跑酷風格比較注重規範與細緻的技術訓練。

公 主要因為日本人的文化性，他們不想要影響到其他人，在公共區域訓練的人比較少。日本室內跑酷館很多，招式就很強，和日本人的職人精神就蠻符合的。

練習跑酷的這十年，大眾對跑酷的看法有什麼不同嗎？

公 變化很大。以前跑酷被視為一種次文化，甚至會被視為壞孩子的活動。**現在家長會帶孩子來學跑酷，對這項運動的接受度提高了**，甚至也會覺得這是一項專項運動，需要找教練訓練。非跑酷的朋友他們會好奇，但通常不會問太深入的問題，比較多像是「你有沒有受傷過？」或「你真的會從屋頂上跳下來嗎？」之類的。

蟻 媒體對跑酷的報導很多時候會誤導大眾，尤其是把跑酷和屁孩行為聯繫在一起，這讓跑酷經常被視為是一種危險或叛逆的運動，實際上，這只是極少數的案例，真正訓練跑酷的人佔極少數。

❷ 適應

Unit of Parkour

社會的界線

跑酷作為新時代的運動與文化，是一個與環境互動的運動，不同於球類運動有所謂的「運動場」，跑酷適應所有環境並創造可能性，但是並不是所有環境都能夠讓跑酷者做出無限的動作與想法，我想這是有界限的。我天生就喜歡探索新地點，而且也對建築結構很有興趣，嘗試在具有美感的建築跑酷互動也是我的愛好，我不斷地到新的場地跑酷，有時候已經不只是挑戰某種地形，好像也是在挑戰一種社會框架，究竟我們的建築能開放跑酷者做到什麼樣的互動？

每個國家的社會認同是有所不同的，在歐洲抓樹枝擺盪大家會覺得是在親近大自然，在台灣則要受路人質疑是否在搞破壞。什麼因素會影響一個國家或區域跑酷運動的發展？我思考到三個比較關鍵的元素提供參考。

個人獨立思想的開放程度

我觀察各地頂尖一流的運動員，發現有個本質上的共通點，就是他們對訓練身體的開放性，加上自己天生獨特的身體素質，就可能造就當地具標竿性的運動員。原因是初期跑酷運動員大多並不是以競賽為主，表現形式也沒有規則的束縛，比起某種身體特定的素質，思想和個人特色反而佔了不少比重。

當地建築美學的設計思路是否有互動概念

建築師在開始建構時，大可以把建築設計成讓人無法與其互動。監獄就是一個極端的例子，要讓人們不能翻越圍牆。也可以觀察這幾年公園的轉型，我小時候的遊樂園，從木造與石造的遊樂器材，轉型成塑料罐頭公園，這種罐頭公園很明顯的沒有站在孩子的立場去設計好玩的設施，而是以大人自己的觀點以阻止小孩撞傷為主的設計，反倒抑制小孩自我開發身體，造就出表面色彩繽紛，實質無聊沒趣味的設施，每次我經過塑料罐頭公園，就會看到小孩玩不到五分鐘就離開了。

其他建築設計也如此，當代設計師會有建築與人互動的概念，除了建構更加穩固的功用性外，也會關注在設計美學，以及人是否能在建築周邊感受活力與快樂。通常有這樣設計的環境和建物，除了人們會拍照打卡之外，也是跑酷最容易發生的地方。

當地文化對人類、建築互動的接受程度

有了人與建築，最後是整個社會的接受程度了。不同的國家與不同的區域，文明發展軌跡不同，再來是跑酷運動在地發展的時間長度，也會帶來落差很大的接受度。基本上我們都希望能得到周圍人的認同，因此也會受限於整個群體對人與建築互動的看法，社會的樣貌就是由每個人組合而成的，而這也是三項條件中最需要時間改變的一點。

蘇格拉底式問答法

我總是抱持著自認不破壞環境的初衷進行跑酷，也經常被質疑這個環境是否可以跑酷，更激烈的也會有人直接否定謾罵與詛咒。但我期待自身能保持風度，用蘇格拉底的提問法理性反問他「你認為不能在此跑酷的理由是什麼？」

我想要透過理性問答的方法，來呈現反對者的論點。反對者中也有不錯的理性建議，但更多時候只是非理性的謾罵，**他們並沒有要辯論我此行為錯誤的理由，只是要告訴我不聽他的話不行**，站在他的對立面就不正確，似乎只要發狂式的責罵我，就能凸顯他的正義一樣，而他站在正義方的條件，只不過是一句「人都該這樣做」。

我相當熱衷於這樣的提問，當這樣的辯論結束，對方透過對話發現自身矛盾而憤然離去時，總是讓我覺得很有意思。

有一次我在中南部的大學與朋友一起練習跑酷，我們正在平地（地形不超過兩公尺以上）進行一個「貓抓」的挑戰，此時一個年約五旬的阿伯騎著摩托車經過停下，我們不太清楚他到底是學校老師還是警衛。

他說：「你們這樣很危險欸！不要這樣子。」

我說：「謝謝關心，我們訓練很多年了，我們會注意。」

他說：「不是這個的問題，你這樣很危險，而且會影響到別人。」

但是大學腹地很大，現場也只有我們跟他。

他說：「你們哪個系所的？」

我回：「我不是本大學的學生，你說我們危險，但你騎車沒戴安全帽欸？」

我們在交談幾句後，他生氣的表示「不管我們了」於是駕機車離開，離開時依舊沒戴安全帽。

下一個故事，發生在中正紀念堂廣場的地下停車場一樓出口，這個場地有兩條高度在我腰部的水泥障礙物，以及一層樓(高度約四公尺內)通往地下停車場的樓梯，當時我與朋友共三位，想在此地的平面拍攝一段跑酷路線，但是警衛前來關切，而且劈頭就非常生氣說，這裡不允許做這種危險活動，警衛說我們不離開就立刻叫警察。

我說：「你叫吧。」

我認為我們只是在公開的公園廣場做個簡單動作，並不是高風險特技或是要造成他人困擾，我們也都會觀察環境以行人為第一優先，確定無人才會開始做不到十秒的路線。

警察很快地就到了，很生氣地要趕走我們，我質問他：「請問基於哪一條法規，我必須離開？」

警察：「就是不行，請你們離開！」

我說：「那我坐在這(腰部的水泥障礙物上)總可以了吧？」

警察：「不行！要離開！不然有人會模仿你，一堆人這邊坐整排！」

我說：「那只是坐在這邊，坐整排是犯了哪一條法規？」

警察答不出來，用兇的也沒嚇到我，反而被我問倒，於是有點惱羞的離開了，後來警衛再次前來。

警衛：「啊你們拍完了嗎？」（看警察也沒轍口氣突然變不太一樣）
我說：「拍完了，我們正要離開，謝謝！」
警衛：「你們下次可以去對面音樂廳那邊啊（兩廳院有兩側），那邊不歸我管。」
我與朋友：「……好喔。」

這種蘇格拉底式問答法，對一般人來說非常惱人，我也常因為這種風格讓人生氣，但我就想觀察到底人們心中的真實答案，真的有依據嗎？是自我認知或是基於社會認同？每次問答後，都讓我發現許多有趣的答案。我也不是只有對他人提問，我的腦海中也總是會產生各種自我答辯，就在二〇二二年，我正準備辦理跑酷協會第二屆跑酷比賽前，回顧了我的跑酷生涯與整合對其他運動的觀念認知，我需要來回答一個問題——何謂運動員？

03

Culture

Parkour Around the World

跑酷的歷史

1904年

大自然訓練法

上世紀法國軍官創立的
體能訓練系統

法國海軍中尉喬治·伊柏爾（Georges Hèbert，1875-1957），他開創的大自然訓練法是所有法國軍事訓練的基礎，也是現代首創的障礙訓練。

Être fort pour être utile

變得強大，成為有用之人

喬治·伊柏爾的著作《體育教育實用指南》於一九一二年出版，書中包括利用身體進行各種功能性運動，以改善健康、體力和體能。

大自然訓練法的思想

在自然環境中訓練
在真實情境中鍛鍊身體，提升應對各種挑戰的能力

強調功能性的重要
身體強健與靈活性，能讓人更有效地應對生活中的挑戰

運動要能幫助他人
不僅是自我提升，更是為了能在他人需要時提供幫助

要全方位提升體能
強調全面性的提升，包括速度、靈巧、耐力、阻力和平衡

看重實用與適應性
訓練內容與日常生活和潛在危機結合，才能應用於實際情境中

心理韌性也要鍛練
面對危機時的心理同樣重要，訓練包含意志力、冷靜、勇氣等

一九〇二年，一場災難性的火山爆發摧毀了加勒比島上的聖皮耶鎮，造成大約三萬人死亡。正是此時，年輕的法國海軍中尉喬治·伊柏爾英勇協調了七百多名當地原住民和歐洲人的疏散工作。這次的經歷對他產生了深遠的影響，他看著當地原住民憑藉本能克服充滿障礙的道路，歐洲人則沮喪無助的找不著出路。他很清楚，居住在舒適的環境，現代人已經失去有效和高效的移動能力。

伊柏爾持續旅行，非洲和其他地方原住民的體能和運動技能令他印象深刻。基於這些觀察，他制定了一種體育訓練學科，稱為「大自然訓練法」（The Natural Method），也因此，他相信運動技巧必須要與勇氣和利他主義結合在一起，他的座右銘發展出一股社會思想「成為強壯的人，成為有用的人」，使用攀爬、跑步、游泳和人造障礙課程來重建自然環境。受訓人員透過各種活動不斷精進，最終戰勝恐懼和身體弱點。

1980年代

與建築環境互動
從自然環境移轉到城市的跑酷萌芽

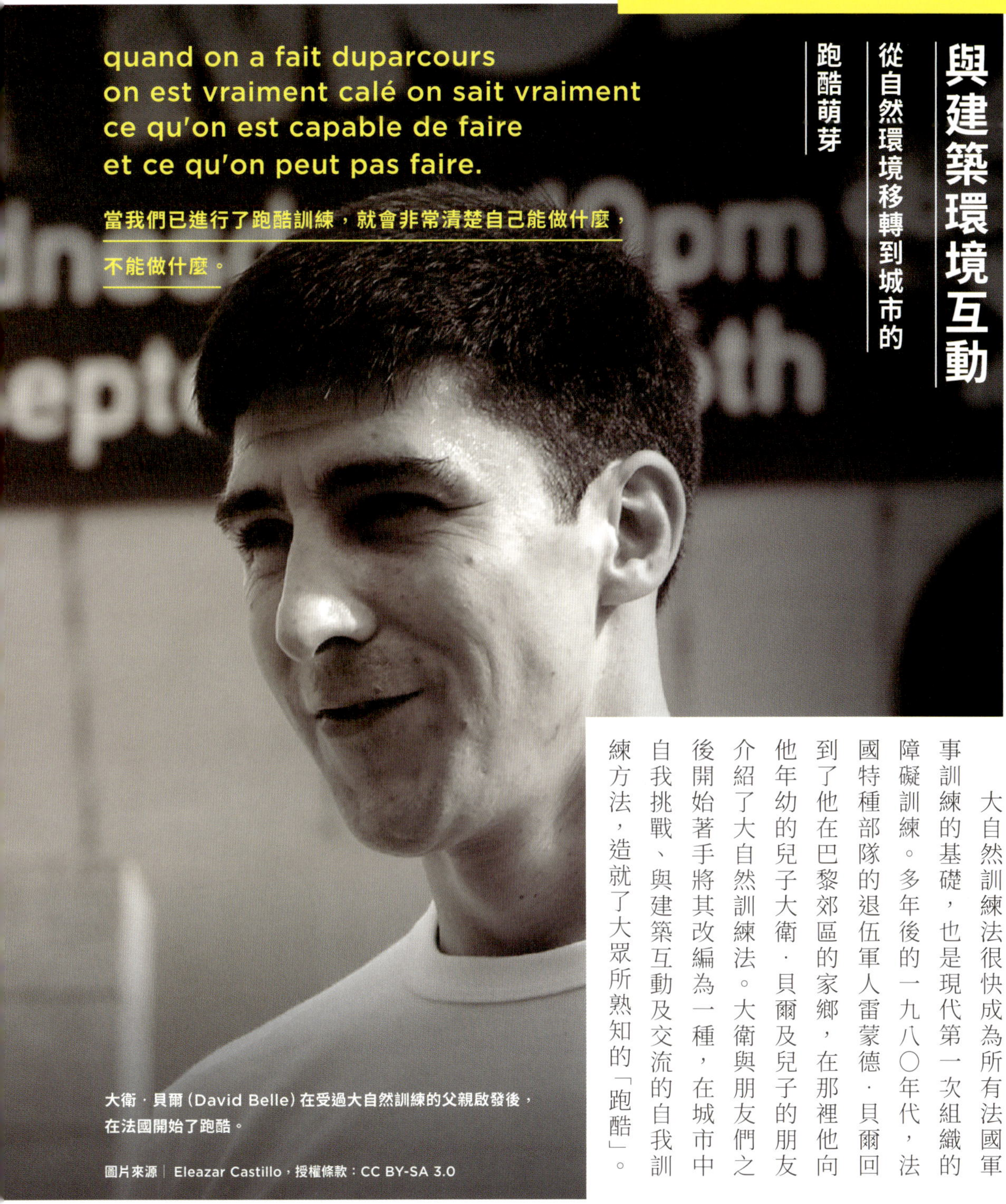

quand on a fait duparcours
on est vraiment calé on sait vraiment
ce qu'on est capable de faire
et ce qu'on peut pas faire.

當我們已進行了跑酷訓練，就會非常清楚自己能做什麼，不能做什麼。

大自然訓練法很快成為所有法國軍事訓練的基礎，也是現代第一次組織的障礙訓練。多年後的一九八〇年代，法國特種部隊的退伍軍人雷蒙德・貝爾回到了他在巴黎郊區的家鄉，在那裡他向他年幼的兒子大衛・貝爾及兒子的朋友介紹了大自然訓練法。大衛與朋友們之後開始著手將其改編為一種，在城市中自我挑戰、與建築互動及交流的自我訓練方法，造就了大眾所熟知的「跑酷」。

大衛・貝爾（David Belle）在受過大自然訓練的父親啟發後，在法國開始了跑酷。

圖片來源｜Eleazar Castillo，授權條款：CC BY-SA 3.0

多元發展的運動

從網路擴散到全世界的跑酷文化

二〇〇〇年後，在各種電影與網路影片擴散中，加速了跑酷的發展。跑酷越發廣為人知，也開發出不同的樣態，「Parkour」定義為從A點到B點的最有效方式；「Freerunning」則定義為表現自我的移動方式；也有以維持團隊紀律與體能訓練為重的「Yamakasi」，至近代融合各種體術 Tricking、舞蹈或武術演化成不同流派（Style），跑酷已經成為一個多元發展運動的存在。以下為大家簡單整理不同的風格與流派，這部分是我自己的觀察與解釋，僅供參考。

Yamakasi

一起開始，一起結束的團隊精神

源自於剛果原住民林加拉語，代表著「強壯的靈魂，強壯的肉體」。可以說是歷史上第一個跑酷團體，他們注重「一起開始，一起結束」的理念，訓練中有著大量的體能訓練，著重在身體能力成長與團結共好的心態。最知名的作品是法國導演盧貝松指導的電影《企業戰士》（*Yamakasi*）圖1，團員各自有不同的發展路線，有些成員以做文化推廣ADD（Art du Déplacement Academy）跑酷教學為主。

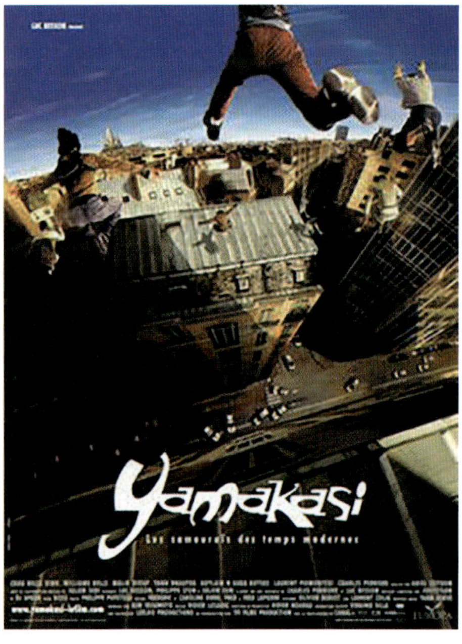

圖1

Parkour
簡潔流暢更實用有效的訓練方向

源自於大衛．貝爾與同伴理念不合退出 Yamakasi 後，他表示這項運動應該簡潔流暢更具機動性，後來大衛在拍攝紀錄片時，導演為了方便傳播將名稱定為 Parkour，大衛擁有體操、田徑及武術的底子，他的動作能夠俐落乾淨，也能華麗帥氣。最知名的作品盧貝松的電影《暴力特區》（*Banlieue 13*）圖 2，曾以演員為業，目前是武術指導。我自己認為就是因為電影的傳播，讓後續這個運動在世界發展，都以 Parkour 名稱為主。

圖 2

Freerunning
更多創造與自我表現的移動方式

源自於塞巴斯蒂安．福坎（Sébastien Foucan）對跑酷的定義，他希望這項運動更具創造力和表現力，而不只是大衛提倡的流暢和簡單實用。因此福坎離開大衛，把 Parkour 帶到了英國並將其稱為 Freerunning。由於理念性質與各大節目廣告的推波助瀾，Freerun 在英國被很多年輕人接受，發展成另外一種風格，持續蔓延到整個歐洲。

Unit of Parkour

③ 危機

何謂運動員？

在我剛開始跑酷的二〇一〇年時，國內並沒有「跑酷運動員」這個名詞，那時只會說我們有在練跑酷，並沒有一個「身分」。直到二〇一六年，我接受361的品牌代言後，才設立自己的FB粉絲專頁，並表示自己的身分是運動員。當時我參考歐洲一些跑酷先驅的國家，那些具有影響力的跑酷人士會自稱「athlete」，於是我也如此稱呼自己為「運動員」。

合約結束後我們沒有續約，但我開始認真經營YouTube的跑酷內容直到二〇二〇年，這幾年我對跑酷圈內的影響力持續擴大，在跑酷圈外的知名度也逐漸提升，我開始建立跑酷教室、協會的跑酷比賽及教練考試等，後輩逐漸的也學起我來自稱是「跑酷運動員」，縱使他們沒有參加任何比賽，也沒跟任何商業合作與金錢往來。於是我開始思考，為什麼他們會如此自稱？難道要參與比賽才算運動員？有被贊助才算運動員？自稱運動員的條件又是什麼？我究竟先是一名跑酷運動員，還是接到代言後才是一名運動員？

生存作為表面，眼睛五官看到的事物是為表層（物理世界）；意義作為裡面，頭腦心靈看到的事物是為裡層（精神世界）。裡層與表層有點像太極的陰陽調和概念，兩者皆有重要之處，缺一不可。追尋生存與意義兩者皆無對錯，很多時候只是一個時空間的選擇，無論這項選擇是被迫的還是自願的。

如果單論「運動員」，只需要專注討論裡層即可，但如果是「職業運動員」，那就要討論複雜社會整體結構上的表層問題。我先以「運動員」作為討論，畢竟通常是先成為運動員，後續才有業餘與職業的問題。「運動員」就是操練運動的人員，不過這個「操練」會牽涉到定義，到底多少操練量才能開始算上「運動員」？每個人心中的那把尺是不相同的，至少我們知道，如果一個月才接觸一次，或是一年來體驗一次，不會有人認同他是運動員的。以下提供下我的「尺」，也就是我的標準，並以跑酷運動做為參考。

身為一名「跑酷運動員」，至少要一個禮拜兩次專項訓練，一次至少兩個小時。這標準其實也不太難，也沒花多少時間，重點在於你是否可以堅持與適度的執行，通常需要有「目標」才可能有此恆心，我認為八成以上的人都需要外在目標，少部份人也是需要內在目標作為動力，才可能有意識地去調節訓練精度與頻率，僅有萬人之一的異類，可能在儘管沒有目標還能不斷接受著痛苦訓練前行。

要成為一名「跑酷運動員」，每週定期訓練，並且設定你想達成的目標，循序漸進總有一天能達成，跟你的運動表現無關，一週至少兩個小時扎實的技術訓練、兩次一小時的體能訓練，以及不限時數的去接觸一切能找到「自己的」跑酷精神的任何體驗。每個人的目標與精神導向不同，要嘗試著去衡量你想達成的目標，以及所要付出的代價。「運動員」三個字我認為代表一個過程，職業只是其中一種結果，人們容易只看到結果卻忽視過程，認為運動如果沒辦法變成職業，一點意義都沒有。

玩這個可以幹嘛？練這可以吃飯嗎？過去人們總是把「職業運動員」套用在「運動員」上。好像無法成為職業運動員，就不能花時間接觸運動一樣，其實任何運動的教練也是從運動員開始做起的。有令人嚮往的運動員，能讓學員產生學習動機，教練也才能有發揮的餘地，不然就只是「叫練」了。要培養出職業運動員，肯定需要先有專職教練。運動沒有足夠的參與人口，要以專項運動為職業也相對困難。想要啟發學習的動力，那個擁有帥氣的動作或精神讓人嚮往的運動員要先出現，無論是業餘、專業還是職業都可以，才會有足夠人數與市場投入學習，教練才能專職做教育與培養，ＮＢＡ也不是一開始就有如此商業規模，選秀也都是從學生籃球打上來的。

跑酷運動的裡層到表層

業餘——有其它無直接相關本職，使用休息時間進行訓練的運動員。

專業——可能有其它直接相關本職，能力得到大多數該項運動的人認可。

職業——只是單做「操練」專項運動，就能得到養活自身的價值與條件。

業餘只要你有符合自身的目標定期訓練即可，專業則要多一份同行之間彼此的認可，但職業代表這個運動員所展現的動態與精神，代表著成千上萬人的訓練「目標」，眾人心中認同的價值匯集成實質支持，才能讓一個運動員能衣食無慮的全力訓練與嘗試。如果想成為某區域的職業運動員，就要在區域內得到足夠數量的支持與敬佩，這件事未必單純跟你的運動天賦有關，可能跟此運動項目的參與度、支持度、討論度、商業性、發展性、形象、人設、行銷等等複雜的關係所構建而成。簡單來說，就是籃球世界所說的 G.O.A.T.（Greatest Of All Time），有多少人是以你為標竿，作為訓練的精神糧食。我剛開始練習時，單純只是認為跑酷好玩與符合自己的追求而已，並沒有想過是否會成為職業運動員，畢竟我廿歲才接觸，離職業運動員還有段距離，全台灣練習者數量也不到百人，難有成為職業一說。這些關於運動員的想法，都是經過偶然與際遇體悟出來的道理。

運動員的訓練培養上，從裡層再發散至表層比較好，但是受限於人現有時間空間所認知的知識與觀念，容易先看表層才有機會進入裡層。一種運動的價值就在於裡層是否值得宣揚，我認為職業運動員應該表裡層兼顧，才能讓更多人透過表層欣賞到裡層。

基於這些想法，我透過觀察自己的過往經驗，分析出何謂運動員的概念，再用這樣的理由說服我自己辦理全國的跑酷比賽，我相信無論是透過比賽或是任何大型活動，盡可能的增加培養運動員的系統，讓「認真」訓練跑酷的人不斷增加，自然會從中出現值得培養的人才、值得宣揚的精神與規模擴大的可能性，而不是只把跑酷定位在地下文化或非主流文化。

跑酷確實常受到公眾環境的挑戰，存在道德與社會認同的問題，但是我依舊相信推廣跑酷運動時，若基於大自然訓練法這個核心理念，跑酷運動本身就有值得宣揚的裡層存在。因此在跑酷協會內推廣教練指導時，課程就從跑酷歷史開始，我認為如果不理解這個核心理念，終會脫離最原始的跑酷精神。只教授表層動作的跑酷教練、只做驚世駭俗的特技演員，或只追求關注與刺激的年輕人，也不會被跑酷人推崇或成為跑酷運動員代表；反之，如果你理解跑酷內涵與精神，無論你的表現是搞笑還是耍酷、甚或嘗試高風險特技，我相信跑酷人都會理解。

我認為對大自然訓練法的理解，是跑酷人最大的共識與初衷，**增強身體的移動能力與提升危機應對能力**，這個概念將會持續吸引不同人們加入，願意無償花費自身的精神（精力與神性）繼續推廣跑酷精神。我想我就是其中一位吧！

Conceptual Course

觀念課

LESSON 01
訓練前的準備

LESSON 02
訓練場地評估

LESSON 03
跑酷四大訓練原則

LESSON 04
運動三大訓練要素

04 Guide

How to Parkour

跑酷入門指南

攝影｜悍酷 HANKU 劉予寬（阿寬）

Fundamental Course

基礎課

LESSON

05

動作元素 十大項目

第①項 四足運行 貓走｜猴走｜猩走｜蟹走｜大猩猩｜橫向移動

第②項 落地 落地｜四足落地｜落地護身

第③項 跌倒 護身｜倒立｜魚躍護身

第④項 平衡 欄杆蹲站｜欄杆行走｜欄杆貓平衡｜蜘蛛人平衡

第⑤項 跳躍 鶴立｜精準跳｜助跑精準跳｜跨步跳｜貓抓

第⑥項 撐越 懶人撐躍｜快速撐躍｜金剛撐躍｜坐推撐躍｜金剛坐推｜轉身撐躍

第⑦項 跑牆 踢踏｜踩牆｜踩牆撐躍｜貓抓踢踏 180

第⑧項 擺盪 槓下穿越｜擺盪精準｜上槓｜繞杆

第⑨項 攀爬 上下牆｜爬杆｜貓抓移動（四向）｜蜘蛛人攀爬

第⑩項 翻轉 掌轉｜側手翻｜180+360 跳躍｜前滾｜側滾｜後滾

LESSON

06

動作訓練分類

Professional Course

專業課

LESSON

07

進階動作參考

① 360 精準跳 ② 360 貓抓 ③旋轉撐越 ④金剛撐越精準 ⑤雙重金剛撐越 ⑥金剛前空 ⑦踢踏貓抓 ⑧ 360 跑牆 ⑨左右踢踏 ⑩踩牆後空 ⑪屈身上槓 ⑫暴力上槓 ⑬擺盪後空 ⑭懸空上牆 ⑮垂降 ⑯壁轉 ⑰側空翻 ⑱推牆後空 ⑲擺推後空 ⑳前空速降

LESSON

08

組合動作練習

①跳躍組合 ②撐越組合 ③踩牆組合 ④擺盪組合 ⑤攀爬組合 ⑥翻轉組合 ⑦組合示範 ⑧組合示範 ⑨組合示範 ⑩組合示範

LESSON

09

進入跑酷心流

LESSON
01

訓練前的準備

執行跑酷運動，**最大的限制就只是你對自己的限制**。跑酷屬於相對多元文化開放的運動，所以你可以盡可能地發揮你的體力及想像力。

國外很多跑酷運動員都時刻在打破我們的認知，比如說來自西班牙的Ruben Roldan，年僅九歲的他在一場拖拉機意外中被截去左腳，但這並沒有澆熄他對跑酷的熱情，他依然持續跑酷訓練至今，並在練習時脫下笨重的義肢用單腳來跳躍，傑出的表現讓同伴也不禁為他拍手叫好。他除了表示「沒有人比我更了解我的身體」外，還說「無論你身處的是多麼艱辛的環境，都必須奮力一搏，不能輕言放棄。」他的社群帳號在二〇二四年時已超過十五萬粉絲，從九歲那場意外至今，他已然成為一位健壯的跑酷青年，相信他會持續訓練激勵更多人。

LESSON

02

訓練場地評估

原始的**跑酷**，實質上只**是一種移動的訓練模式**。是一個長期被大眾誤解其內涵的運動，一直被冠上各種負面標籤，所以如果只靠電視與網路去認識此項運動，可能會有誤解與誤判，建議尋找專業的跑酷教練指導基礎動作，不僅在學習動作上更安全，心態上也會更加健全。如果要自己執行訓練，要盡力去找尋正確的知識與教學去學習，謹慎的評估自己的身體狀況與心靈狀態。如果為了完成基礎的動作，受了無法復原的傷痛，那就划不來了。

請評估你的程度來選擇適當的場地，這裡有幾點場地的基本狀況需要注意，提供參考。

01 — 開放性

挑選場地第一件要注意的是開放性。跑酷運動雖然沒有固定的訓練場所，但是考慮到新手可能不知道界線，應該要選擇比較開放運動的區域，比如公園、學校等公共活動場所，如果有自己搭建的器材或場地更佳。避免使用到馬路、私人住宅區等危險度較高或不開放的私人區域，以防造成傷害或侵犯到他人。

02 — 穩固性

抵達訓練場地時，做任何動作之前，先檢查要實施的場地或器材是否穩固、有無鬆脫或脆化等問題，一定要養成檢查場地的好習慣。

03 — 材質

場地的所有材質不盡相同，不同材質有不同的對應方法，一般在新手時期會盡量選擇比較止滑、平整、不尖銳等比較好操作的安全地型，在嘗試動作時比較不容易發生失誤，場地的材質會影響受傷的機率和嚴重程度。

台灣跑酷早期的團練規範參考

⚠ 請在自己能力所及之動作進行練習，為自己的行為負責。

⚠ 請務必尊重行人、場地及一起練習的夥伴。

⚠ 確認周邊是否有其他使用者正在操作，並優先禮讓老弱婦孺。

⚠ 請勿催促他人，若路線上有其他使用者，請友善溝通。

⚠ 練習結束時，請恢復環境整潔，帶走自己的垃圾，愛惜練習環境。

04 — 天氣

雖然沒有規定雨天不能鍛鍊跑酷，但下雨會造成場地濕滑，不適合做高強度訓練，只適合考驗自我的適應性。夏天要預防太熱容易中暑，冬天天氣太冷的話，暖身操必須做足夠。

正是以上四項不穩定的條件，所以很需要一個室內場地給新手訓練，但如果您認為自身基礎能力具備好了，就可以到戶外測試自己對環境的適應性了！

跑酷運動由於會涉及公共空間，建議初學者可以從沒有爭議的公園開始訓練，涉及灰色地帶的民宅與他人用地不推薦使用。如果真的遇到紛爭，也請維護跑酷的文化，秉持著互相體諒的態度。

攝影◎ Fun Action 提供

LESSON

03

跑酷四大訓練原則

流暢
FLOW

安全
SAFETY

效率
EFFICIENCY

適應性
ADAPTABILITY

01 — 安全

安全為訓練跑酷任何動作的第一要件，跑酷運動的訓練強調每個動作的穩定度與安全度，在達到安全這項要求後，才能達到其他項目的要求。

- **評估自身當下體能、技巧、精神三大訓練要素的狀態。**
- **評估環境材質與穩固性，周遭他人與物體的影響與可行性。**

02 — 適應性

跑酷動作追求相當高的適應性，每個動作的訓練應該包含不同地型與材質的應對，以及必須訓練反應能力來應對不同的環境。

- **同一動作是否能適應各種材質，各種環境中完成。**
- **適應不同的動作組合，以及突發狀態的靈機反應。**

03 — 流暢

流暢是跑酷運動對於極致的追求，力求將每個動作與動作之間的連接，做到快速敏捷的流動，減少多餘的動作展現力與速的極致。

- **找到你與障礙物之間，適合你自己體格的最佳速度與距離。**
- **在障礙物之中，用不多餘的步伐，完成最佳的動作難度與品質，避免倒退、減少碎步，但增加速度。**

04 — 效率

效率是快速與省力的結合，將個人的動作做到極致快速的流暢之外，並在每一個動作環節下找出最適合自己與最節省力量的方法，來達到高效率的移動方式。

- **排除多餘的力量，找到最佳發力時機點。**
- **在環境中，發現最快速與省力的方式完成路線。**

LESSON
04

運動三大訓練要素

一個運動員的運動（跑酷）強度，來自於體適能、技術、精神三項的結合。空有體能沒有技術，變成肌肉棒子無法正確發力；空有技術沒有精神，賣弄技巧不懂內涵與智慧；空有精神沒有實力，空頭講白話沒有信服力。做為一個跑酷教練，教人跑酷的時候都堅信要一致性的帶領體、技、心，全人教育。跑酷很像一種武術，是一種移動的武術與藝術。希望看完這本書的你，也能成為一個兼具體、技、心的運動員與教練，讓更多人能夠因為你的存在，理解與學習更好更佳的跑酷運動。

01—體適能

體適能是指身體適應環境的運動能力，簡稱體能，主要分為健康體適能與運動體適能兩類，兩大類所包含的十項能力之總和會是體適能的綜合強度。

第一類—健康體適能

①肌力(Muscular strength)&**肌耐力**(Muscular endurance)
②心肺能力(cardiorespiratory endurance)
③柔軟度(Flexibility)
④身體組成(Body composition)

第二類—運動體適能

⑤爆發力(Power) **⑧反應時間**(Reaction time)
⑥速度(Speed) **⑨平衡性**(Balance)
⑦敏捷性(Agility) **⑩協調性**(Coordination)

訓練不同的動作會需要不同的體能項目，您可以自行依照你的需求去加強你的體能。如果您只是想試試看跑酷或運動娛樂一下，我認為〈LESSON 05**動作元素〉前四項基礎訓練就已經足夠**，但是您想要自身的跑酷不斷進步與超越原本自己的現狀，那增強體能絕對是相當重要的一個環節。

02—技術

技術是指專門的技能與本領，其中跑酷運動的技術由各項不同的動作元素所組成，將於〈LESSON 05 **動作元素**〉幫大家圖文詳細介紹。

☞ **同一動作是否能適應各種材質，各種環境中完成。**
☞ **適應不同的動作組合，以及突發狀態的靈機反應。**

03—精神

精神是指一個運動員會有的想法與思考，雖然精神理念因人而異，我的跑酷精神將在各章節間與大家分享。精神不單只是教育與態度，也對跑酷運動的個人強度有著很大的影響，有比較正向的思考與精神態度，除了學習動作時更安全與快速，也能讓運動員的動作更豐富與更高強度。

LESSON
05

動作元素十大項目

基礎訓練
平常在媒體上會比較少看到

第①項

四足運行
Quadrupedal movement

第②項

落地
Landing

第③項

跌倒
Falling

跑酷是一種精神理念先於動作形式的運動，當理解了「訓練四大原則」後，再以這樣的思維方式去延伸動作，就會發現任何肢體動作都有可能滿足跑酷的核心精神。因此，跑酷在理論上並沒有固定的標準動作，所有動作都有可能被納入你的路線與風格。

然而，對於剛入門的學習者來說，建立基礎的動作概念與學習路徑仍然至關重要。因此，「中華民國跑酷協會」的資深教練群經過討論，統整出跑酷的基礎動作與核心訓練項目，讓新手能有一個可以循序漸進、安全的訓練方式進行跑酷運動。

十大項目是基於跑酷的歷史發展，以大自然訓練法為起點，我們整理出跑酷中

跑酷運動常見的元素

第④項

平衡
Balance

第⑤項

跳躍
Jump

第⑥項

撐越
Vault

常見且實用的動作，並依照訓練階段的難易度與相互關聯性進行排序。其中，前四大項屬於基礎訓練（這些內容在媒體上較少被關注），後六項則是跑酷移動中較為常見的元素（當然，這並不代表前四項不能納入你的移動路線）。

當你能夠安全且穩定地掌握這十大項目時，可能才剛踏入跑酷的五分之一，因為每一個元素都能進一步深入與進化。此時，你可以回顧自己在練習十大項目時的體驗，思考哪些元素最吸引你，值得你深入鑽研與鍛鍊，或是發掘更多不在十大項目內的動作與可能性，自行發展並挑戰自我。

總而言之，設立十大項目是為了方便大家做基礎訓

第⑩項

翻轉
Flip & Spin

第⑨項

攀爬
Climb

第⑧項

擺盪
Swinging

第⑦項

跑牆
Wall running

練，而不是限制大家的自由，希望您學習完基礎後能超越框架，發展出自己的想法與風格。每個元素會有一些不同的體適能需求與重點，**標註 ✓ 代表主要體適能需求，標註 ＋ 代表有此項體適能可以將元素做得更好。**

第 ① 項

四足運行 Quadrupedal movement

肌耐力（ME）協調性（C）　平衡性（B）柔軟度（F）

四足運行指的是運用四肢進行協調性動作，並讓四肢平均分擔身體重量。這種運動方式常參考動物的行進模式，透過模仿動物的動作，人們能夠回歸身體最原始的運動機制，重新建立對自身動作的感知與控制。因此，對剛入門的初學者來說，四足運行是一項極為重要的基礎訓練。

由於四足運行不涉及爆發力與高速移動，受傷風險極低，因此特別適合作為跑酷健身、新手訓練與動態熱身的一環。

小提醒

許多新手在進行四足運行時，會習慣用手指撐地，但應該培養使**用整面手掌支撐的習慣**。因為四足運行本質上是撐越動作的前身，在撐越時同樣需要保持手掌支撐障礙物的好習慣，這樣手掌才能提供更好的推動力，也能減少對手指的壓力，降低受傷風險。

貓走
Cat walk

1 平板支撐地面，確保核心穩定，手掌與腳尖支撐身體。

2 右手、左腳同時向前跨一步，保持平衡與穩定。

掃描看動作示範影片

3 左手、右腳同時向前跨一步，倒退時按照相同順序進行，保持不同手、不同腳交替前進的節奏。

[進階]

前進每一步做一下伏地挺身

[挑戰]

尋找一座長樓梯嘗試貓走

核心穩定不過多扭轉身體，肩膀、腰、臀部接近成平板一直線，像貓一樣優雅地走動。

猴走
Monkey walk

1 蹲下，雙手置於地面。

2 雙手向側面方向置於地面。

掃描看動作示範影片

3 撐起下半身離地，朝雙手放置的方向推進一步，並以相同方式持續前進。若向左手方向前進，稱為「左猴走」；若向右手方向前進，則為「右猴走」。

[進階]

弓箭步一腿打直，一腿膝蓋彎曲，雙手向彎曲腿方向放置於地板上。接著下半身離地，朝向手放置的方向前進一大步，此時腿部輪流落地，再次回到弓箭步姿勢。身體重心轉換至彎曲腿方向，再向另一側推進，依此類推前進。

[挑戰]

用雙手拳頭撐地做猴走。

猩走
Kong walk

1 蹲下，雙手自然垂放。

2 雙手向前撲放於地面作為支撐。

掃描看動作示範影片

個人認為動作上比較像兔子，但因為翻譯問題我們跑酷協會內部統一稱為「猩走」，讓它的撐越相關動作金剛撐越（Kong vault）有相關語意。

3 雙腳同時跟上，盡量讓雙膝保持在雙臂內側，依此類推前進。

[進階]

每次前進時，雙腳盡量落地於雙手之前，確保手臂對地板施加推力，同時嘗試收緊雙腿。此動作能有效對於撐越動作中的**金剛撐越**（Kong Vault）有相當大的幫助。

[挑戰]

雙手向前撲放時，雙腳先跳躍，使身體向前飛撲，待雙手支撐地面後再推地板，讓雙腳落於雙手之前。此動作被稱為**金剛飛躍**（Diving Kong），極考驗手腕的強度與飛撲能力

蟹走
Crab walk

1 臀部坐地板，雙手在後，雙腳朝前，撐起身體使臀部離地。

2 右手、左腳同時向前移動一步。

掃描看動作示範影片

核心保持穩定，不過多扭轉身體，手指「盡量」朝向臀部，因為它的撐越相關動作坐推撐越(Dash vault)也是手指朝前比較好。

3 左手、右腳同時向前移動一步。倒退時依照相同順序進行，保持不同手不同腳交替行進的節奏。

[進階]

將臀部「盡量」往天空頂，讓肩、腰、膝接近成成平板一直線。

[挑戰]

尋找一座斜坡嘗試蟹走。

大猩猩
Gallop

1 蹲下，身體右側朝前。

2 雙手依序向前放，先左手再右手。

掃描看動作示範影片

3 手前進後，換雙腳前進，先左腳再右腳，保持左、右、左、右的節奏持續前進。

[進階]

每一次都兩側互換。左、右、左、右一次後，換右、左、右、左一次，以此節奏行進，可以向四面八方移動。

[挑戰]

找一塊大空地，用你最快的速度大猩猩狂奔！

橫向移動
Lateral movement

1 平板撐地。

2 右手加左腳，同步向側面移動。

掃描看動作示範影片

雙手雙腳可自由開合移動，但前進時路線不能歪掉，雙腿「盡量」打直，保持相同節奏前進。

3 左手加右腳，再同步向側面移動。

[進階]

雙手放置位置離頭部越遠，難度越高。

[挑戰]

腳踩在牆上，手放在地板前進。

攝影◎ Fun Action 提供

第 ② 項

落地 Landing

肌力（MS）身體組成（BC）　　反應時間（RT）

落地是跑酷運動中的重要概念，學習如何安全的落地是新手訓練的重要一環。良好的落地技巧，不僅能讓身體以正確的方式承受衝擊，也能保護自身安全。

以下名詞「高處」指具有一定高度的障礙物，建議依不同族群的能力循序漸進練習，並以六十公分、一百公分、一百五十公分、一百八十公分以上為分階目標。落地能力與大腿肌力對體重的負荷能力密切相關，建議仔細評估十二歲以下兒童、年長者、過瘦、過重者的能力進行調整，確保訓練的安全性與適應性。

落地 Landing

1 嘗試從「高處」跳下。確保自身狀況選擇高度，可從 60 公分開始。

掃描看動作示範影片

2 落地時，以前腳掌先接觸地面（約整個足底的前三分之一，不包含足弓與足跟）。

3 雙腿膝蓋自然彎曲，但避免彎曲小於 90 度，以降低長期膝蓋受損的風險。同時，雙手臂放於身前，協助控制身體穩定。

四足落地
Landing with hand

1 嘗試從「高處」跳下。

掃描看動作示範影片

為了避免令膝蓋彎曲小於 90 度，身體重心可能要稍微前傾一點。

3 腳落地後，雙手順勢自然以手掌摸地，達到腳、手共同分擔緩衝效果。

2 落地時，以前腳掌先接觸地面、雙腿膝蓋自然彎曲。

落地護身
Landing to roll

1 嘗試從「高處」跳下。

2 落地時，以前腳掌先接觸地面、雙腿膝蓋自然彎曲，雙手順勢自然以手掌摸地。

掃描看動作示範影片

落地時避免膝蓋彎曲小於 90 度（理想角度為剛好 90 度），並立即反應進入護身動作。若雙腿完全蹲到底部後再做護身，將失去對膝蓋的保護效果，使動作流於形式，而非真正發揮防護作用。

3 雙手落地後，手指相對呈三角形，順勢以背部滾動一圈（詳見「護身 Roll」章節）。

4 滾動一圈使腳與身體共同分擔衝擊力，達到更好的緩衝效果。

攝影◎許峻彰

第 ③ 項

跌倒 Falling

- 反應時間（RT）肌力（MS）
- 柔軟度（Flexibility）敏捷性（Agility）

在練習跑酷運動的過程中，失誤與跌倒在所難免，學會如何在失誤時保護自己、做出正確的防護反應，是極為重要的核心技能。這不僅是學習任何動作前必須掌握的基礎知識與能力，也是長期訓練中不可忽視的一環。

身體的保護能力需要透過體適能鍛鍊來強化，並且仰賴長時間的經驗累積與磨練。無論是新手還是進階者，都應該持續不斷地學習與精進這項技能，以確保在意外發生時，能以最小的衝擊安全落地，減少受傷風險。

護身
Roll/Parkour roll

1 蹲下，雙手大拇指與食指併攏形成三角形，放置於身體左側邊（距離不宜過遠）。

2 右手肘貼地，將雙腿打直、臀部提高，重心前傾。

掃描看動作示範影片

左腿可盤腿撐地，協助起身。

3 雙腳可輕微跳躍，讓右上背部先落地（避免使用肩膀前側），順勢滾動一圈。

4 滾動路線為右上至左下（依個人體型與習慣調整最適合的軌道），保持圓背姿勢滾動，結束時順勢蹲站起來。以上為右側護身，若進行左側護身，則指令方向相反。每個人慣用方向不同，建議雙側都嘗試後，選擇較順的一邊專精，但仍應掌握雙邊的基本動作，以備緊急狀況應用。

［進階］

嘗試前後左右不同面向的滾動，左右護身的主要區別在於手的初始放置位置。其中，後護身較特殊，動作順序是先滾，由臀開始滾到腰、肩，後滾回正面。

［降階］

熟練前滾翻、側滾翻、後滾翻。

倒立
Handstand

1 雙手撐地，雙腳依序離地。

掃描看動作示範影片

可以雙腳彎曲、打直、大字、卍字、不限制雙腳動作。

3 試著讓身體保持平衡穩定。

2 只以雙手支撐、雙腳離地。

［進階］
倒立走路、倒立上下階梯。

［降階］
放腳 90 度倒立、走牆倒立、擺腿牆倒立。

魚躍護身
Dive roll

1 先蹲下，動作與護身滾動技巧相同，但加入腳部跳躍的力量。

2 躍起在空中，讓身體稍微離地，手掌再落地。

掃描看動作示範影片

可以先從原地向前撲嘗試，然後可以嘗試加點助跑，飛過 60 至 100 公分高的障礙，最後嘗試由高處（60 至 180 公分）往下做。

3
手落地時順勢彎曲手肘洩力，此時臀部位置需提高至倒立位。

4
從手掌、手肘、後上背、再滾動，依此順序完成整個動作。

[進階]
用呼拉圈嘗試穿洞護身。

[降階]
走牆倒立接滾動。

攝影© Fun Action 提供

第 ④ 項

平衡 Balance

平衡性（B）　　**肌耐力（ME）反應時間（RT）**

平衡不僅是運動體適能中的一項核心能力，更是跑酷運動中特別注重的關鍵要素。良好的平衡能力能夠提升動作的穩定性與精準度，同時降低失誤與受傷風險。

平衡是許多跑酷動作的基礎，需要長時間培養與訓練，因此對於初學者與新手而言，應將其作為日常訓練的重要項目，持續鍛鍊，才能在跑酷過程中表現得更加穩定、安全且自信。

欄杆蹲站
Rail squat

1 腳尖垂直於欄杆，以前腳掌接觸並控制平衡（建議避免使用足弓，以確保足夠的控制力），雙手如落地姿勢般抬至胸前。

掃描看動作示範影片

3
站穩後，開始下蹲，直到大腿平行於地面，再站回起始位置。

2
雙膝保持微彎，避免完全打直。

[挑戰]

不落地做三至五次

欄杆行走
Rail walk

1 腳尖平行於欄杆，雙手臂打開協助維持平衡。

掃描看動作示範影片

腳尖平行於欄杆。

2 單腳站穩保持平衡，再向前踏出一步，換腳維持平衡，重複動作，持續向前移動。

[挑戰]

不落地走三到十公尺、後退欄杆行走

欄杆貓平衡
Cat balance

1 右手先握欄杆、左手握在後，接著左腳踩上欄杆、右腳踩在後，或順序完全相反。

掃描看動作示範影片

2 四肢依順序如四足運行中的「貓走」開始移動。留意前腳掌踩住欄杆，手握住欄杆以控制平衡，核心穩定勿扭動。

[挑戰]

不落地貓平衡十秒

掃描看動作示範影片

蜘蛛人平衡
Spiderman balance

腳尖垂直於欄杆，就像「欄杆蹲站」般先蹲到底，雙腳微開呈 M 字腿型，雙手在雙腳中間手握住欄杆以控制平衡。

[挑戰]

不落地蜘蛛人平衡十秒

第 ⑤ 項

跳躍 Jump

肌力（MS）爆發力（P）速度（S）　**心肺能力（CE）平衡性（B）**

跳躍是跑酷運動中最容易上手且最常操作的基本動作，其中「精準跳躍」更可謂跑酷之母。

跳躍強調正確的落地技巧與穩定的平衡能力，其爆發力與高度可透過肌力與爆發力訓練來增強，而精準度則需要長時間的磨練。對新手而言，精準跳躍是初期訓練的重點，良好的精準度將直接影響日後所有動作的穩定性與完成度。

鶴立
Crane

1 可選擇單腳或雙腳起跳，依個人習慣調整。

掃描看動作示範影片

下腳小心不要撞到膝蓋。

2 落地至障礙物時，一腳腳掌前三分之一落在上方「精準」，另一腳在下以前腳掌踩著頂住牆面，注意避免下腳膝蓋碰撞牆面。

精準跳
Precision

1 雙腳跳躍，腳盡量併起來。

2 跳到障礙物上時，以前腳掌三分之一落地。

掃描看動作示範影片

3 以「落地動作」技巧一樣的姿勢緩衝，能夠停住三秒以上才算精準。

[挑戰]

跳到七到九步距離。(一步指腳掌長度)

助跑精準跳
Running precision

1 先助跑。

2 助跑後單腳跳躍，雙臂向上帶。

掃描看動作示範影片

[挑戰]

跳到十至十三步距離（一步指腳掌長度）。

3 雙腳在身體前方，準備落地。

4 跳到障礙物雙以前腳掌三分之一落地，以「落地動作」技巧一樣的姿勢緩衝，停住三秒以上才算精準。

跨步跳
Stride

1 單腳跳躍（可助跑也可原地）。

2 在空中時兩腳一前一後。

掃描看動作示範影片

[挑戰]

連續的跨步跳，最後一個接助跑精準跳。

貓抓
Cat leap

1 先使用精準跳或助跑精準跳的技巧跳躍。

2 跳到牆上時腳掌先接觸牆面，雙手馬上攀抓住牆壁上緣或可攀掛物。

掃描看動作示範影片

3 盡量讓掌部抓握到，而不只是依賴手指。手臂自然垂放，不必緊縮著出力，腳自然彎曲、腳掌踩住牆壁，此靜止動作時為貓掛（Cat Hang）。

[挑戰]

單手貓抓（One hand cat leap）。

第⑥項

撐越 Vault

肌力(MS) 爆發力(P) 協調性(C)　**柔軟度(F) 速度(S)**

以雙手作為主要支撐穿越障礙物的動作，稱為「撐越」，在體操術語中則被稱為「跳馬」。撐越是跑酷中最常見的障礙穿越技巧，基礎撐越也是初學者最適合優先學習的動作之一，能讓新手在短時間內建立信心並獲得成就感。

撐越與四足運行密切相關，良好的四足運行能力，有助於更輕鬆的掌握好撐越動作。

懶人撐越
Lazy vault

1 左手先撐住障礙物，同時左腳擺高至障礙物上方。

2 右腳單腳跳躍後跟上左腳，雙腳向障礙物外側擺出。

掃描看動作示範影片

3 右手順勢撐扶身體後方障礙物，雙手同時將身體推出。以上為左邊懶人撐越，右邊懶人撐越則指令方向相反。

[進階]

左邊懶人撐越時右腳先擺，此為懶人撐越混和快速撐越的變化型。

快速撐越
Speed vault

1 助跑後，以左腳跳躍，身體微向左側傾斜。

2 左手撐住障礙物，右腳擺高至障礙物上方，跳躍的左腳隨後從右腳與左手之間穿過，向前推進。

掃描看動作示範影片

3 左手將身體推出障礙物，左腳優先落地（也可雙腳落地）。以上為左邊快速撐越，右邊快速撐越則指令方向相反。

[挑戰]

快速撐越是最快速的撐越，嘗試用你最快的速度完成動作。

金剛撐越
Kong vault

1 雙手撐障礙物，推起身體。

2 雙腳縮起至雙臂中間，臀部抬高，讓雙腳越過障礙物。

掃描看動作示範影片

3 雙手向後方推離障礙物落地。此動作可助跑或原地進行，可前後步伐起跳、或雙腳併攏起跳，但需記住此動作的核心是「雙腳起跳」。

[挑戰]

融合魚躍護身(Dive Roll)起跳與飛躍技巧，先騰空再做金剛撐越(Kong vault)。此動作為魚躍金剛(Dive Kong)，要有比較好的腕力強度。

坐推撐越
Dash vault

1 助跑後，單腳起跳。

2 雙腳縮起高於障礙物，然後往前延伸。

掃描看動作示範影片

3 雙手像懶人撐越，順勢撐扶身體後方的障礙物，同時將身體推出。

[挑戰]

雙腳起跳做坐推撐越（Dash vault），更考驗縮腳速度。

金剛坐推
Kash vault

1 雙手撐障礙物推起身體，雙腳縮起在雙臂中間，臀部抬高讓雙腳能越過障礙物

2 此時身體重心移動，變化成坐推（Dash）的姿勢。

掃描看動作示範影片

3 撐扶身體後方的障礙物，將身體推出落地。此動作可助跑或原地進行，可前後步伐起跳、或雙腳併攏起跳，但需記住此動作的核心是「雙腳起跳」。

轉身撐越
Turn vault

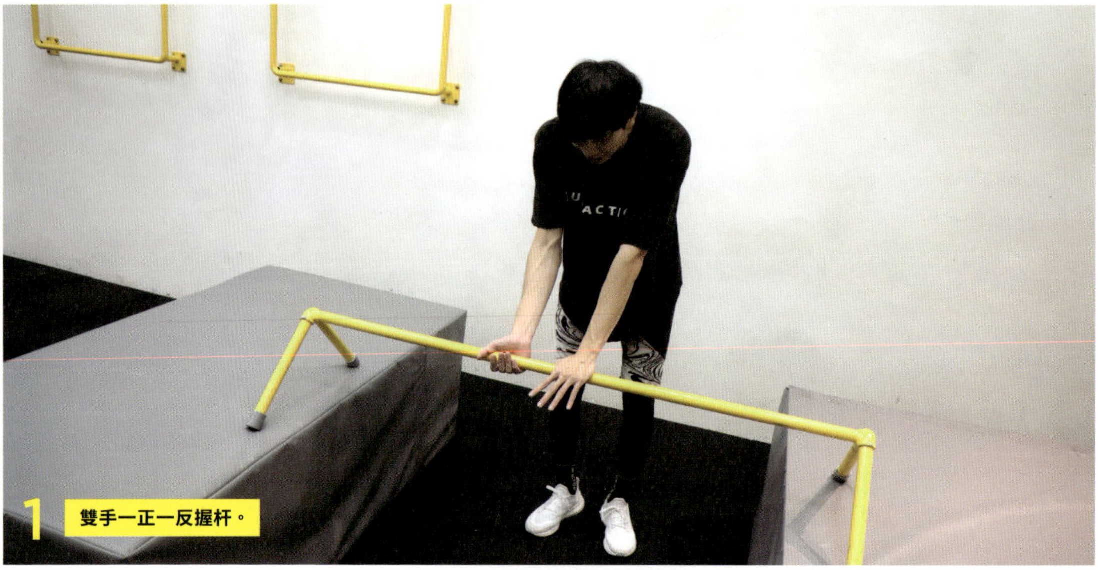

1 雙手一正一反握杆。

2 向正手方向跳起並縮腳，順勢將正手移至橫桿的另一側。

掃描看動作示範影片

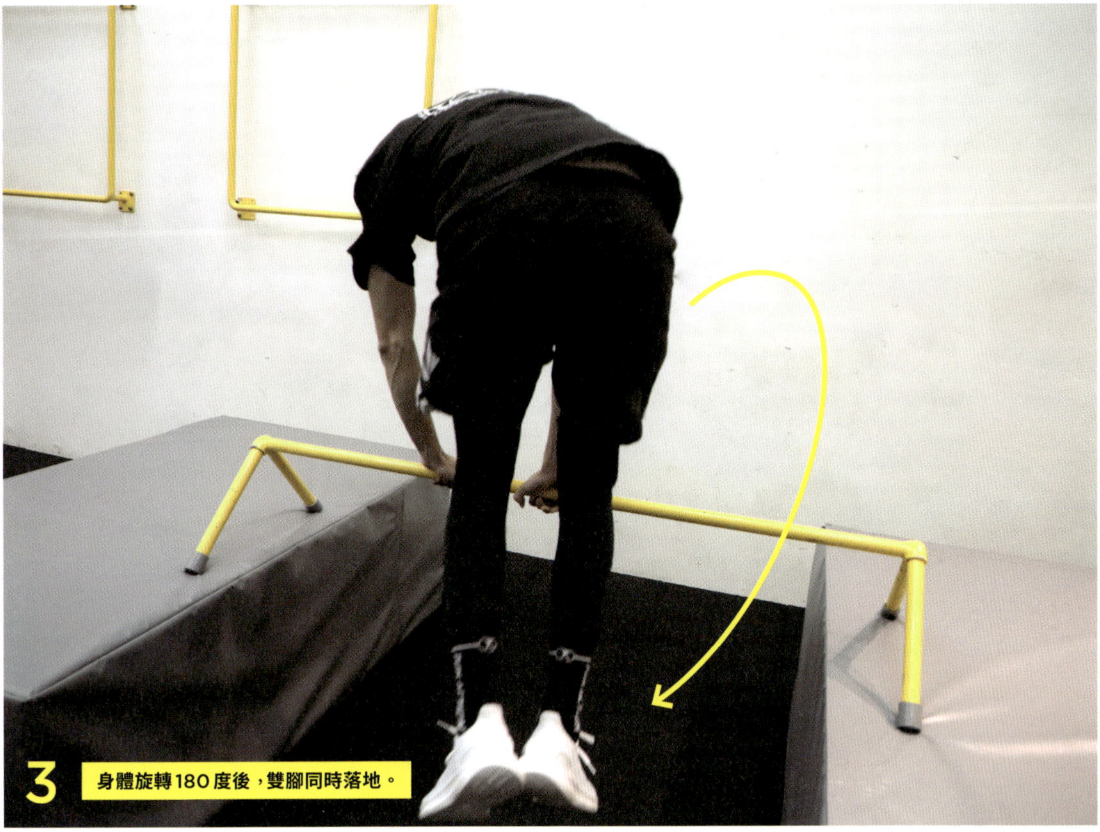

[挑戰]

尋找可貓掛的地形（一般來說欄杆護欄的樓梯很多），做轉身撐越後呈貓掛（Cat Hang）動作。

攝影© Fun Action 提供

第 ⑦ 項

跑牆 Wall running

敏捷性（A）速度（S）　**協調性（C）爆發力（P）**

跑牆指的是**跑酷者透過與牆壁互動所做出的動作，這是跑酷運動中特有的技術**。運用四肢施力結合牆壁的反作用力與摩擦力，能讓跑酷者在牆面上停留、更輕鬆的向上攀登或向外彈跳，拓展移動的可能性。

跑牆能讓跑酷者比一般人更靈活地穿梭各處，並適應崎嶇或不平坦的地形，以更高效的方式奔跑與移動。通常，「牆」的定義泛指接近自身高度、或高於自身身高的垂直結構，這些都可被視為跑牆訓練的障礙物。

踢踏
Tic tac

1 單腳跳起，腳接觸牆面。

2 利用腳踩牆面產生摩擦力後推開（手可輔助），控制身體水平向外、向下或向上移動。

掃描看動作示範影片

廣義來說，「踢踏」可以單腳或雙腳起跳，亦可雙腳同時踢踏，甚至輔助以手摸牆來增加穩定性。此外，落地時可採單腳或雙腳著地，也不一定需要「精準」停住。
但在最初級的踢踏練習中，會先使用單腳踩牆後踢開、雙腳精準落地，以訓練踩牆的控制力與穩定度。熟練後，再進一步嘗試更多變化與應用。由於「精準」為跑酷之母，跑酷訓練者通常習慣踢踏要「踩牆後必須精準停住」。
＊「精準」指的是落地後能夠停留三秒，才算「精準」。

3 腳踩牆壁後踢開，雙腳精準停在你要的位置。

[挑戰]

踢踏兩步精準。

踩牆
Wall run

1 腳踩牆後，施加向上力量，使身體順勢往上移動。

2 雙手順勢接觸牆上緣，向下壓推，幫助身體延續向上的動能。

掃描看動作示範影片

向牆跑去，腳踩牆面產生摩擦力（主要靠腳的推力，手部可輔助），使身體垂直向上移動，透過動能提升攀爬高度，此動作統稱為「踩牆」。

3 雙手穩定撐上牆壁，接著使用適合自己的方式讓雙腳踏上牆面，最終成功站立或蹲在牆上，完成踩牆動作。

[挑戰]

橫向踩牆三步。

踩牆撐越
Pop vault

2 雙手掌順勢接觸牆上緣，向下壓推，幫助身體延續動能，當身體達到雙手撐上牆壁的位置，順勢接各種撐越動作。

1 向牆跑去，踩牆施加向上力量。

掃描看動作示範影片

3 腳不接觸牆上緣，用手直接越過障礙物，即完成踩牆撐越。

[挑戰]

兩步踩牆撐越。

貓抓踢踏 180
Cat leap 180

1 起始於貓掛姿勢，雙腳呈上下腳位置，雙手向上拉起身體。

2 同時選擇一隻腳踩牆壁施力踢開，產生旋轉動能。

掃描看動作示範影片

這樣的技巧相比雙腳同時踢踏，更能提前轉身、視線更快鎖定目標，同時往上踩的腳也能達到更高的位置。廣義來說，貓抓踢踏 180 可單腳或雙腳起跳，到達障礙物時，動作可依需求調整為精準落地、貓掛或持續跑動。

3 雙腳精準停在目標位置。

[挑戰]

同樣高的兩面牆貓抓踢踏 180 來回五次。

第 ⑧ 項

擺盪 Swinging

肌力（MS）協調性（C）　　柔軟度（F）平衡性（B）

「擺盪」指的是利用身體擺動或操作物品的擺盪來進行移動。此技術常藉助離心力與甩動來達到目的，因此身體的柔軟度與協調性至關重要。如何靈活地運用身體擺動，並練習結合物品的擺盪動能，是一項極具挑戰性的訓練。

槓下穿越
Under bar

2 起跳時將雙腳縮起，高過障礙物後向前延伸。

1 雙手正握住與地面平行的槓。

掃描看動作示範影片

3 利用擺盪穿越障礙物。

[挑戰]

槓下穿越完在落地之前轉身 180 度。

擺盪精準
Lache

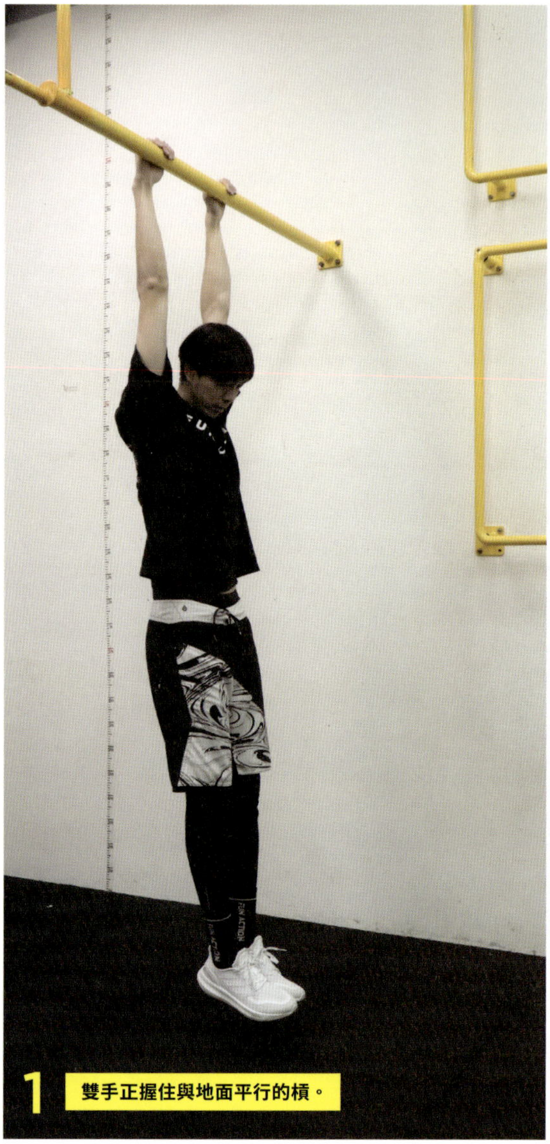
1 雙手正握住與地面平行的槓。

2 起跳時將雙腳縮起。

掃描看動作示範影片

[挑戰]

後擺盪精準，後擺的時候丟離槓，精準到你要的位置。

3 向斜上方天空踢直全身，身體自然像鐘擺一樣擺動。

4 前擺時手丟離槓讓身體重心從躺姿回站立，精準到你要的位置。

上槓
Upper bar

1 雙手正握住與地面平行的槓。

2 身體後躺，雙腳與臀部向槓上方延伸，身體呈懸吊時腰部正面放到槓上。

掃描看動作示範影片

上槓動作指的是雙手正握住水平地面的槓，在腳懸空狀態中，想辦法讓整個人上去到槓上，雙腳蹲或站在槓上三秒即完成。這裡介紹最簡單的上法為後翻上槓（Pull over）。

4 再想辦法讓雙腳踩上槓平衡。

3 雙腳向後下擺動、身體向前上擺動，利用擺盪動能讓身體順勢轉回到正面撐槓姿勢。

[挑戰]

屈身上槓（Bar Kip up）技巧性較高、暴力上槓（Muscle up）力量條件高。

繞杆
Pole spin

1 雙手自然握住垂直地面的杆。

2 向能產生離心力的方向跳起，雙腳縮起，身體核心維持穩定。

掃描看動作示範影片

3 繞杆一圈即完成動作。通常跑酷訓練者會加上「精準」，即是繞杆一圈後，丟離杆精準到你要的位置。

[挑戰]

繞杆三圈。

攝影© Fun Action 提供

第 ⑨ 項

攀爬 Climb

肌力（MS）肌耐力（ME）　身體組成（BC）協調性（C）

「攀爬」指的是利用四肢在各種地形中移動的方式，其中四足運行也可視為攀爬的一項分支。跑酷中的攀爬常用於垂直面，包含向上、向下、向左、向右四種移動方向。

攀爬需要強壯的手臂力量與靈活的雙腳控制，也與跑牆（Wall Run）技術密切相關，良好的跑牆能力能讓某些攀爬動作更輕鬆高效。

上下牆
Climb up & down

1 從「貓掛」姿勢開始，運用腳踩牆的摩擦力作為支點，雙手向上拉起身體。

2 當胸口與手肘高於牆上緣時，雙手掌迅速從拉的姿勢轉換為撐的姿勢，用力推起身體進入撐牆姿勢。

掃描看動作示範影片

下牆時先從站姿轉換到撐牆姿勢（手腳沒有標準順序），雙手向下撐體（Dip）到胸口接近牆緣後，手掌從「撐」的姿勢轉換為「拉」，拉住牆下放到貓掛姿勢，即完成下牆。

4 雙腳向內縮，蹲或站到牆上，即完成上牆動作。

3 一隻腳向後上擺動，讓身體重心提高。

[挑戰]

上下算一次，做五次上下牆。

[降階]

分別練習引體向上與撐體，先單獨強化拉力，每次必須拉過胸口高度（不能只停在下巴位置）。推力也需獨立訓練，以提升整體穩定性。完整上牆的力量分配約為拉力 7： 推力 3。

掃描看動作示範影片

爬杆
Pole climb

2 不可以手或腿抱、夾住杆身，須靠手掌與腳掌接觸杆面進行移動。技巧類似於貓平衡與貓走路，但換成在垂直欄杆上動作。

1 在垂直地面的杆上，向上、向下爬行。

[挑戰]

身體緊貼，抱或夾住粗的欄杆，順勢往下滑動落地，練習滑杆（Pole slide）。

[降階]

尋找在牆壁附近的垂直地面的杆，雙腳踩牆、雙手抓杆，停住練肌耐力或上下移動練肌力。

貓抓移動（四向）
Cat leap movement

1 從貓掛姿勢開始。

2 向左、向右慢速或快速移動。

掃描看動作示範影片

3 向上、向下慢速或快速移動。

[挑戰]

動態 (Dyno) 雙手同時施力向上拉、向下放，或左右跳躍，貓抓接住再次呈現貓掛姿勢。

[降階]

在「貓掛」狀態下，嘗試應用攀岩技巧「三點不動，一點動」，即讓四肢其一懸空，考驗其他三點的靜態穩定與支撐控制。

掃描看動作示範影片

蜘蛛人攀爬
Spiderman climb

人在兩道牆中間，雙手對稱撐牆、雙腳對稱踩牆，往上或往下移動。

[挑戰]

身體上半身先扭轉一百八十度，讓雙手先轉到同側撐好，雙腳放掉踩牆，下半身也轉一百八十度回到正位，也可嘗試直接跳轉，雙手腳同時離開牆面轉一百八十度。

[降階]

四肢在牆上停滯時，試著像攀岩技巧「三點不動一點動」，四肢選一個懸空，考驗其他三點的靜態停滯。

第 ⑩ 項

翻轉 Flip & Spin

肌力（MS）協調性（C）　　柔軟度（F）身體組成（BC）平衡性（B）

人在垂直面上的旋轉稱為「翻」，在水平面上的旋轉則稱為「轉」。

「翻轉」透過人體的旋轉，增強動作的多變性與流暢度，也能訓練如何操控自身身體在不同面向的體感能力，是跑酷運動中難度較高且變化性極大的技術。

掌轉
Palm spin

1 目標是在障礙物上方旋轉 180 度。右手反撐，握障礙物邊緣；左手撐在右手掌跟前方。

2 雙腳跳起，臀部向天空提高，以右手為支點，身體轉動到 90 度。

掃描看動作示範影片

4 右手將身體推離障礙物，落地。以上為右邊掌轉，左邊掌轉則指令方向相反。

3 擋在轉動路徑上的左手放開，身體繼續轉動剩下 90 度。

[挑戰]

在不同角度斜牆上嘗試，或到直牆完成壁轉（Wall spin）。

側手翻 Cartwheel

1 腳呈弓箭步，右腳在前、左腳在後，雙手往地板放，右手在前、左手在後。

2 左腳踢腿，向前上擺動，身體呈現大字形，翻轉。

掃描看動作示範影片

3 左腳先落地，雙腳落地呈弓箭步，左腳在前、右腳在後。以上為右邊側手翻，左邊側手翻則指令方向相反。

[進階]

單手側手翻。

180+360 跳躍
180 Jump & 360 jump

1 向上跳躍。

2 身體選一邊轉180度，落地站穩。

掃描看動作示範影片

1 向上跳躍。

2 身體選一邊轉 360 度，落地站穩。

[挑戰]

180 精準跳、360 精準跳。

前滾
Front roll

1 從蹲姿開始，手掌平貼、放在地面前方。

2 頭向腹部捲，臀部提高向前。

掃描看動作示範影片

3 保持圓背、雙手抱膝，自然向前滾動。

4 順勢蹲起，回到一開始的姿勢。

側滾
Side roll

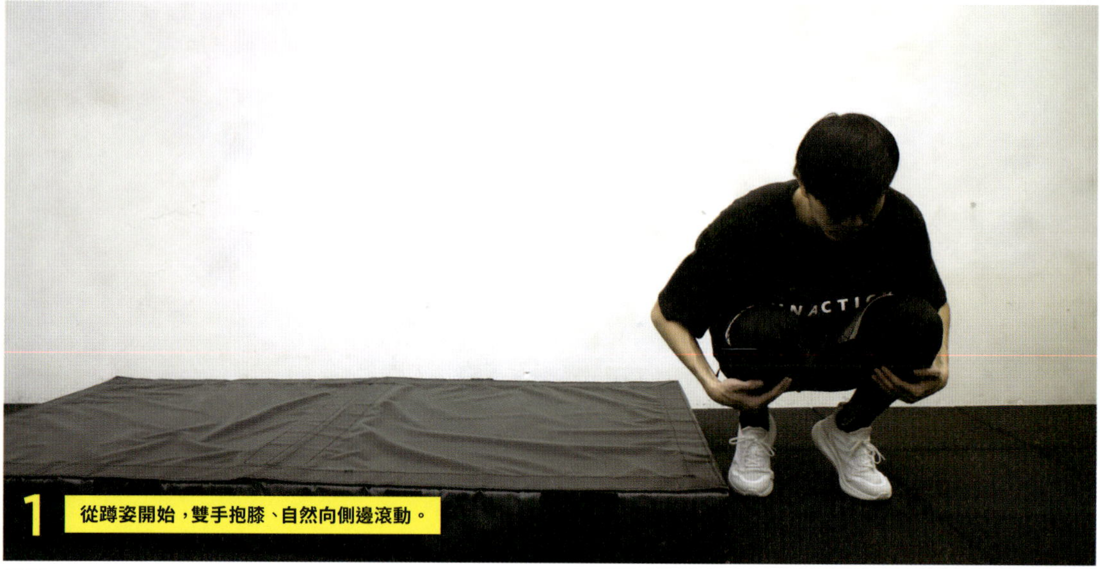

1 從蹲姿開始，雙手抱膝、自然向側邊滾動。

2 滾動軌跡為整個上背。

掃描看動作示範影片

3 順勢蹲起，回到一開始的姿勢。

後滾
Back roll

1 從蹲姿開始，雙手放在耳邊，雙手掌朝外、手指朝後。

2 保持圓背，腳掌向後面地板碰。此時頭部在下保護頸部，雙手輕推起身體。

掃描看動作示範影片

3 順勢蹲起，回到一開始的姿勢。

[挑戰]

箱上前滾翻，箱上側滾翻，箱上後滾翻。

LESSON

06

動作訓練分類

此分類系統是跑酷協會教練考核時，我提供給教練作為參考的「動作簡易分類」，目的是幫助大家理解各動作的分類與難度，而不是限制你的創造力。

理解這套系統的好處在於，當你觀看國外影片並想「自學」新動作或路線時，能夠自行拆解成更細小的單位進行訓練，逐步增加熟練度，最後再整合練習，有效提升學習效率。

我剛開始練跑酷時人在台東，前輩僅帶領我半年，之後幾乎一半的技巧都是靠自學（畢竟當時還沒錢去國外進修）。因此，這種**讀取與拆解動作的能力**的養成習慣非常重要。而這項能力對於成為一名優秀的「跑酷教練」更是關鍵，這能幫助你針對不同族群，設計客製化的訓練計劃，而不是簡單地對學員說「做就對了！」

二〇一〇年我剛開始練跑酷時，許多人在教學時並沒有這種「降維思維」，但這種方式能讓動作學習更具系統性，也能有效提升學員的學習效率與安全性。

176

01

單一動作 Single

單一動作指的是由「單一元素」組成的獨立動作，例如護身(Roll)、快速撐越(Speed vault)、側手翻(Cartwheel) 等。

創造全新的單一動作並不容易，因為台灣的跑酷發展相較國外落後約十年，而人體能夠創造的單一動作，國外幾乎都已經發生過。然而即便是相同的單一動作，在不同的環境下執行，仍然能夠展現出獨特的價值與挑戰性。

這正是世界各地的在地優勢，你能夠在台灣的不同角落，挑戰一個國外跑酷者從未見過的地形，並且將金剛撐越精準(Kong precision)等經典動作，帶到獨一無二的場景，這種突破與開發，只有在地人能夠做到。

假設你發現了一個獨特的「地形結構」，並且嘗試在那裡成功完成某個單一動作，那這就可能是「世界第一個做到的」傳奇故事！有趣吧！我想這也是跑酷如此吸引人的原因，因為環境不斷變化，永遠都有新的地形等待開發。

只要學會一個「單一動作」，就能帶來無限的變化與傳奇！即便某項挑戰曾經被他人完成過，但當你親身去嘗試時，對你而言仍然是「第一次做到」的突破。無論你的天賦如何，跑酷都會讓你找到屬於自己的全新挑戰，並讓你展現單一動作的適應性(Adaptability)。

02

合成動作 Complex

合成動作指的是將「兩個以上」的動作元素合併，形成連續流暢的「一個」動作。**關鍵在於動作連接點之間「不落地」**，必須在身體尚未接觸地面前完成銜接，例如：

・踩牆後空翻（Wall flip）

・擺盪精準（Lache precision）

・金剛撐越貓抓（Kong vault → Cat leap）

由於合成動作需要在空中的短時間內，**完成兩種以上的元素**，因此想挑戰合成動作，必須先熟練各個獨立動作，確保掌握基本技巧後，再進行合成訓練，才能兼顧安全性與學習效率。

合成動作是跑酷中難度較高的技巧，通常只有熟練各大基礎項目後，才能進一步挑戰這種動作組合，進而發掘人體運動的極限與可能性。目前，我曾見過最多合成三種元素的動作，例如：

・擺盪蹦牆後空（Lache punch Wall flip）：結合擺盪（Lache）→蹦牆（Punch）→後空翻（Wall flip）。

・雙重金剛（Double kong）：**同一動作的元素連續合成**，在一次跳躍中完成兩次金剛撐越（Kong vault）。

合成動作不僅能提升跑酷的挑戰性與觀賞性，也能讓動作更流暢、自然，進一步發揮個人風格與創意。

03

組合動作 Combo

組合動作指的是將兩種以上的動作組合起來，形成一套連續動作。與「合成動作」不同，**「組合動作」允許在連接點落地，但落地後必須立即銜接下一個動作**，避免多餘的腳步或停滯。例如：

- **精準跳**接**金剛撐越** (Precision to kong vault)
- **坐推撐越**接**貓抓**接**上牆** (Dash vault to cat leap to climb up)

組合動作適合作為單一動作熟練後的進階挑戰，無論是對自己或學員來說，都是提高流暢度的關鍵訓練方式。相較於合成動作，組合動作的難度較低，因為中間可以落地調整，但仍需要注意落地後要迅速接續，避免拖延動作節奏。

初次嘗試組合動作時，可以先落地後思考與感覺如何銜接下一個動作，這樣能大幅降低風險。隨著熟練度提升，逐步減少停頓、加快節奏，最終達成動作之間的同速連接，也讓下一個動作能夠借到上個動作的動量與慣性。

組合動作的訓練對於個人的「流暢」(Flow) 非常有幫助，甚至可以說一個人的「Flow」好不好，從組合動作表現就能看出八成。

世界上單一動作的數量絕對超過百種，光是一百個單一動作的平方，就是一萬種組合動作了，**你只要學會十個單一動作，就能有一百種不同的組合動作可以嘗試挑戰，太歡樂了！**

04

連續動作 Flow

連續動作是指兩個以上的動作，**中間可以穿插跑步、攀爬等行動**，例如懶人撐越（Lazy vault）完跑五步接助跑精準跳。

連續動作就是廣義上大部分所有的跑酷路線，通常在戶外的障礙物之間，都可能有一段長距離無法讓你做組合動作，所以過程中就會有一次落地以外的跑步數，但在一連串的動作組合中，**找到最適合自身的最佳速度與距離，就能在障礙物間，不用多餘的腳步（而非刻意限制步數），完成最佳的動作難度與品質**。

體察自身的身體狀況，熟練你的步距、動作、力量，理解場地上的材質、穩固度、可能性。就算是只有兩個單一動作、分隔十步以上，這之中也有 Flow。

LESSON 07

進階動作參考

① 360精準跳
② 360貓抓
③ 旋轉撐越
④ 金剛精準
⑤ 雙重金剛
⑥ 金剛前空
⑦ 踢踏貓抓
⑧ 360跑牆
⑨ 左右踢踏
⑩ 踩牆後空
⑪ 屈身上槓
⑫ 暴力上槓
⑬ 擺盪後空
⑭ 懸空上牆
⑮ 垂降
⑯ 壁轉
⑰ 側空翻
⑱ 推牆後空
⑲ 擺推後空
⑳ 前空速降

練習過〈**Lesson 05動作元素**〉內容裡的跑酷十大項目，你的每一個單一動作都相當熟練後，就進入跑酷運動的大門了！後面還有無數的單一動作可以學習與創造，本書雖然無法全部介紹到，但是這一節特地提供給您在跑酷運動中，二十個經典的進階動作來做為參考。

01

360 精準跳

360 Precision

向前跳躍的時候，轉體 360 度，
跳到你要的位置上停住。

難易度｜■■■
實用度｜■

3

02

360 貓抓

360 Cat leap

向前跳躍貓抓的時候，轉體 360 度，
跳完後貓掛在牆上。

難易度｜◆◆◆
實用度｜◆

3

4

03

旋轉撐越

Reverse vault

雙手放同側同時撐推障礙物，臀部提高雙腳縮起，轉體 360 度，回到正面落地。

難易度｜
實用度｜

3

4

04

金剛精準

Kong precision

金剛撐越後，身體縮起保持在空中，飛到你要到的位置上停住。

難易度｜
實用度｜

3

4

05

雙重金剛

Double kong

金剛撐越後，臀部向天空抬高，雙腳往後斜方抬高，身體在空中呈現趴姿，飛到下一個障礙物上，再次金剛撐越，有點像第一下撐越是「金剛撐越精準」，第二下撐越是魚躍金剛。

難易度｜

實用度｜

3

4

06

金剛前空

Kong front

金剛撐越後臀部向天空抬高，雙腳團身縮起，往前做一個前空翻落地。

難易度 | ⬢⬢⬢
實用度 | ⬢

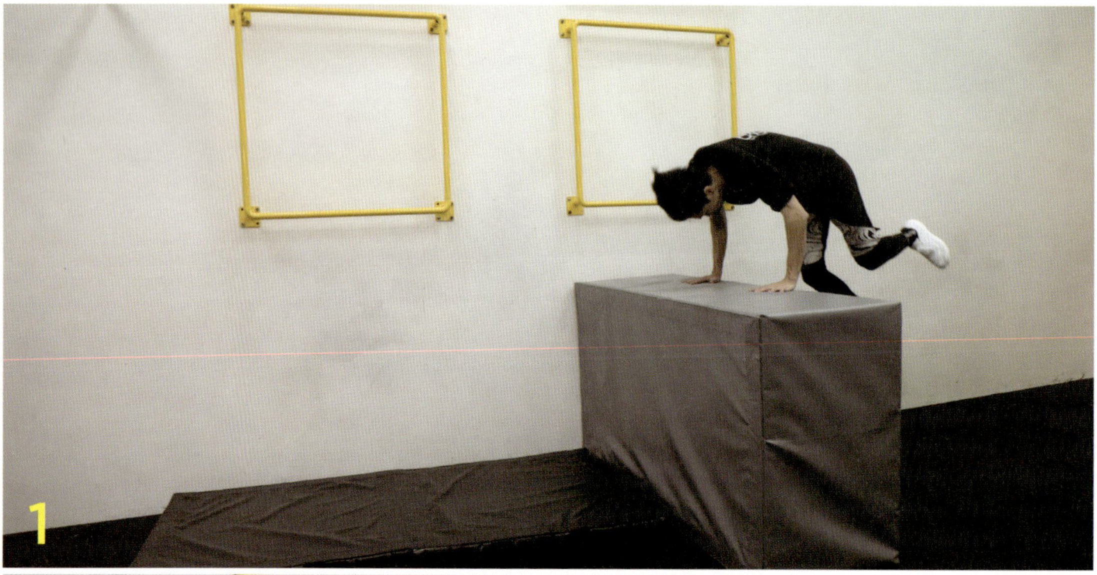

1

2

3

4

單腳踢踏後，往任何方向貓抓。

07

踢踏貓抓

Tic tac cat leap

難易度 | ◆
實用度 | ◆◆◆◆

1

2

3

08

360 跑牆

360 Wall run

單腳踩牆 Wall run 後，往非踩牆腳那一側轉三百六十度，身體向上延伸抓握到或撐上牆壁。

難易度 |

實用度 |

3

4

09

左右踢踏

Continuous tic tac

兩個以上的踢踏，並且不同側的腳都有使用到。

難易度

實用度

1

2

3

4

10

踩牆後空

Wall flip

單腳踩牆後身體輕微往後躺，臀部向天空提高，順勢做一個後空翻落地。

難易度 |

實用度 |

4

3

11

屈身上槓

Bar Kip up

雙手抓槓懸吊，輕微擺動，往前擺動時胸口向前引，然後雙腿往自身夾起身體對折，回擺時雙手壓槓，藉由擺動力量順勢讓身體上半身到槓上方的姿勢。

難易度

實用度

4
3

12

暴力上槓

Muscle up

雙手抓槓懸吊，雙手向上引體向上，當胸口、手肘高過槓上緣時，雙手掌從拉的姿勢快速轉換到撐的姿勢，手做往下撐體將身體推起，讓身體上半身到槓上方的姿勢。

難易度｜

實用度｜

4

3

13

擺盪後空

Fly away

雙手抓槓擺動，向前擺動時當你感受到擺動力量往上時，雙手放開讓身體呈躺姿，然後順勢做一個後空翻落地。

難易度 | ⬢⬢⬢
實用度 | ⬢⬢

3

4

14

懸空上牆

Hanging climb up

雙手抓握牆緣（無法踩腳），雙手向上引體向上（Pull up），當胸口、手肘高過槓上緣時，雙手掌從拉的姿勢快速轉換到撐的姿勢，手做撐體（Dip）將身體推起到撐牆姿勢，此時一隻腳向後上擺動將身體重心提高，雙腳往內縮蹲或站到牆上，完成上牆。等於暴力上槓版的上牆。

難易度｜

實用度｜

4

3

15

垂降

Descent

貓掛姿勢開始，往下雙手抓握牆緣懸吊（無法踩腳時就要加上放手垂降），讓雙腳碰到下方要站立的牆或欄杆上緣，身體向下蹲，雙手趕緊去抓握原本腳踩的牆緣或欄杆，然後雙腳再往下放到可以踩住的位置，呈現貓抓的姿勢。

難易度 |

實用度 |

4

3

16

壁轉

Wall spin

當牆壁距離約一隻手臂時起跳，雙手掌觸牆產生短暫支撐與摩擦力。此時右手指向地板、左手指向右側，右肩向下、左臀向上，身體團起接近右側空翻，旋轉一圈後落地。以上為右邊壁轉，左邊壁轉則動作方向相反。壁轉可視為垂直面上的掌轉。

難易度 |

實用度 |

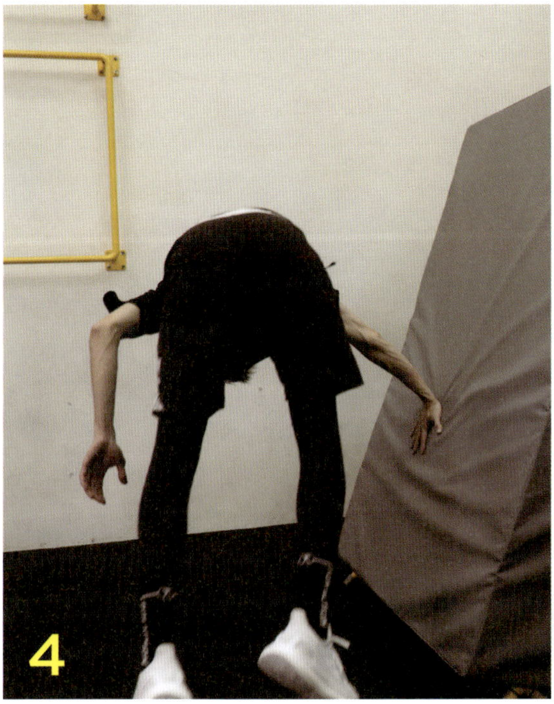
4

3

17

側空翻

Side flip

雙腳起跳，右腳在前、左腳在後。左肩上提帶動身體向上，右肩向內夾緊產生轉動力，右肩向下、左臀向上，身體團身旋轉一圈後落地。以上為右邊側空翻，左邊側空翻則動作方向相反。

難易度 | ⬢⬢⬢
實用度 | ⬢

3

4

18

推牆後空

Palm flip

當牆壁接近一隻手臂距離時，雙腳起跳，雙手手指朝天空，手掌摸牆產生短暫摩擦與支撐力，感覺類似在垂直面上做金剛撐越，接著身體團身順勢完成後空翻並落地。

難易度｜■■■

實用度｜■

3

4

19

擺推後空

Castaway

起始動作面向牆緣，雙手撐牆雙腳自然垂放，雙腳向後上擺起抬高身體，雙手推開身體並產生向後躺的力量，同時身體團身順勢後空翻落地。

難易度｜

實用度｜

4

3

20

前空速降

Front flip drop

向前跑，從高處魚躍飛出，做一圈前空翻，雙腳落地後接護身。

難易度｜

實用度｜

4
3

攝影© Fun Action 提供

LESSON

08

組合動作練習／流暢練習

1. 跳躍組合
2. 撐越組合
3. 踩牆組合
4. 擺盪組合
5. 攀爬組合
6. 翻轉組合
7. 組合示範
8. 組合示範
9. 組合示範
10. 組合示範

在訓練每一種組合動作之前，先在腦中模擬動作與腳步，接著將動作拆開分段練習，再依序組合成一套完整動作。

一百個單一動作就能衍生出一萬種組合，雖然無法逐一介紹，但這裡還是分享十種組合動作作為參考。

多嘗試不同元素與組合，不只能提升你的流暢度(Flow)，也能讓你在遇到緊急情況或需要直覺反應時發揮得更好。

01

跳躍組合

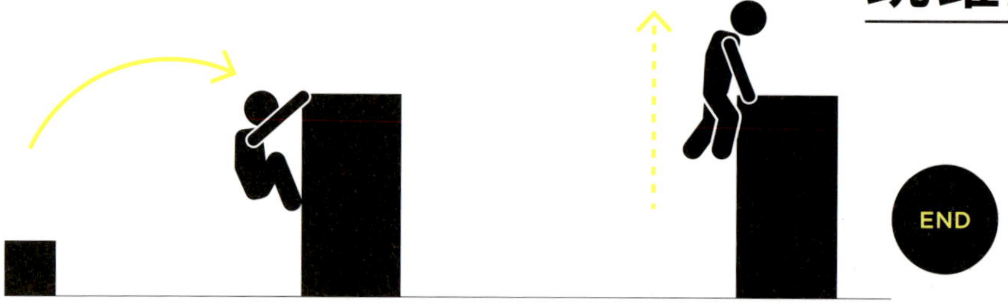

Cat leap
貓抓

→

Climb up
上牆

Running Precision
助跑精準跳

Precision
精準跳

02

撐越組合

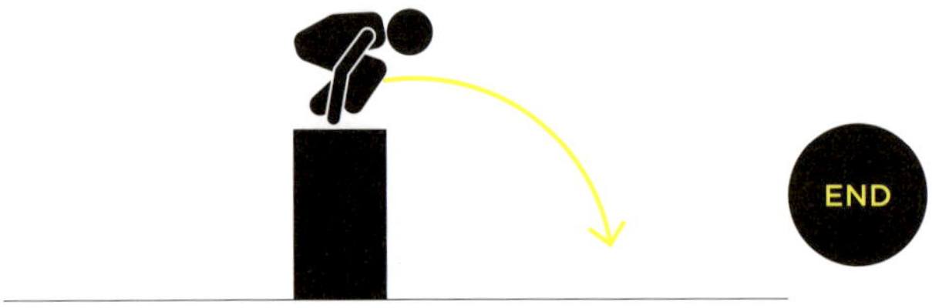

Kong vault
金剛撐越

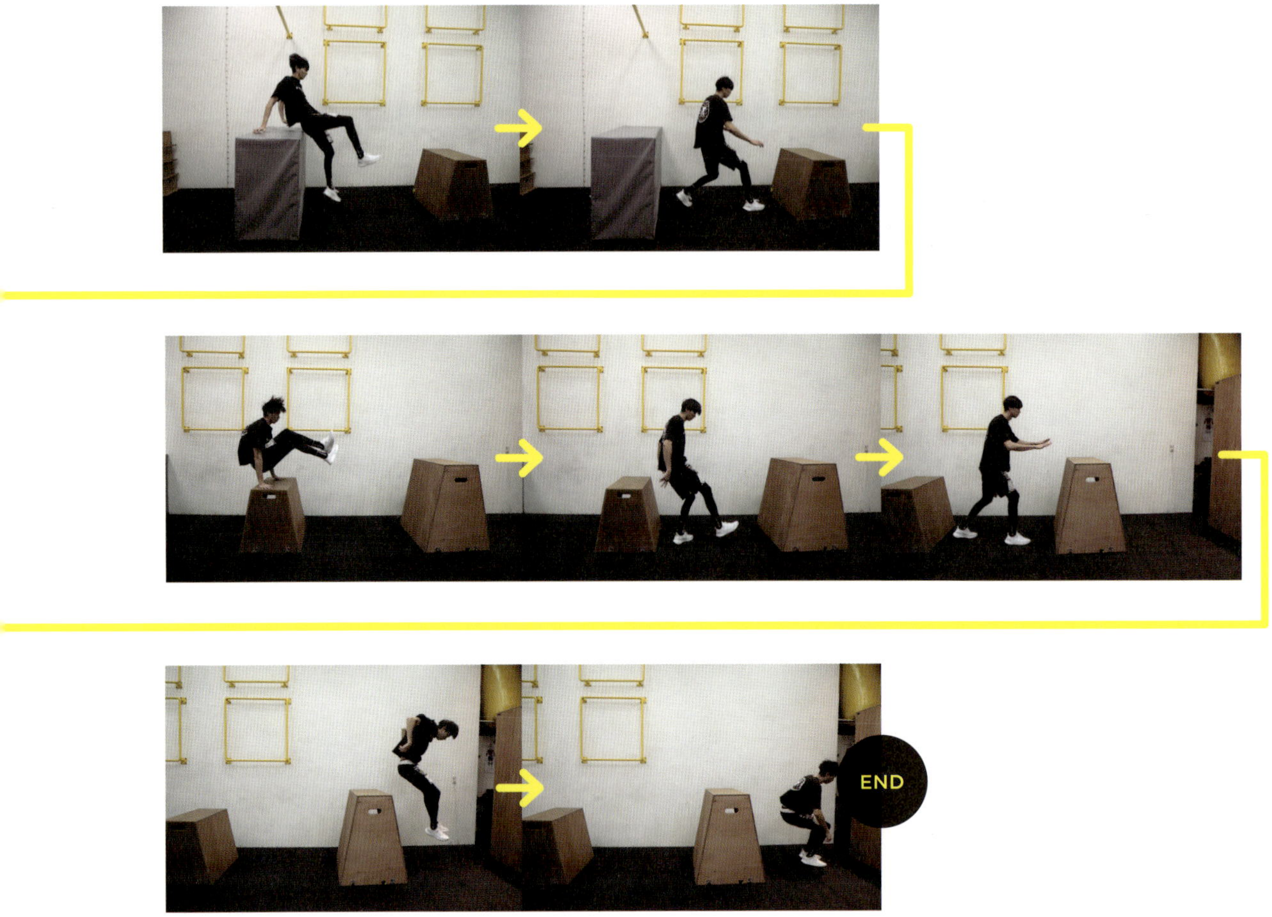

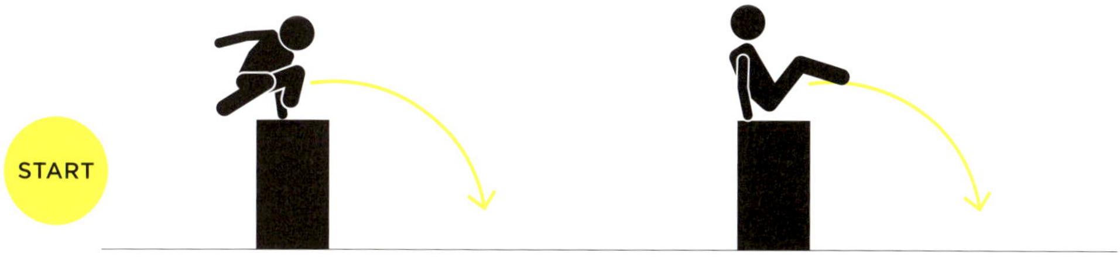

Lazy vault
懶人撐越

Dash vault
坐推撐越

03

踩牆組合

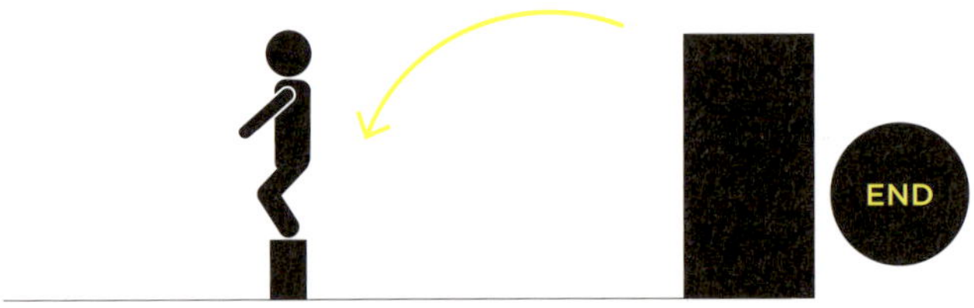

Cat leap 180

貓抓踢踏 180

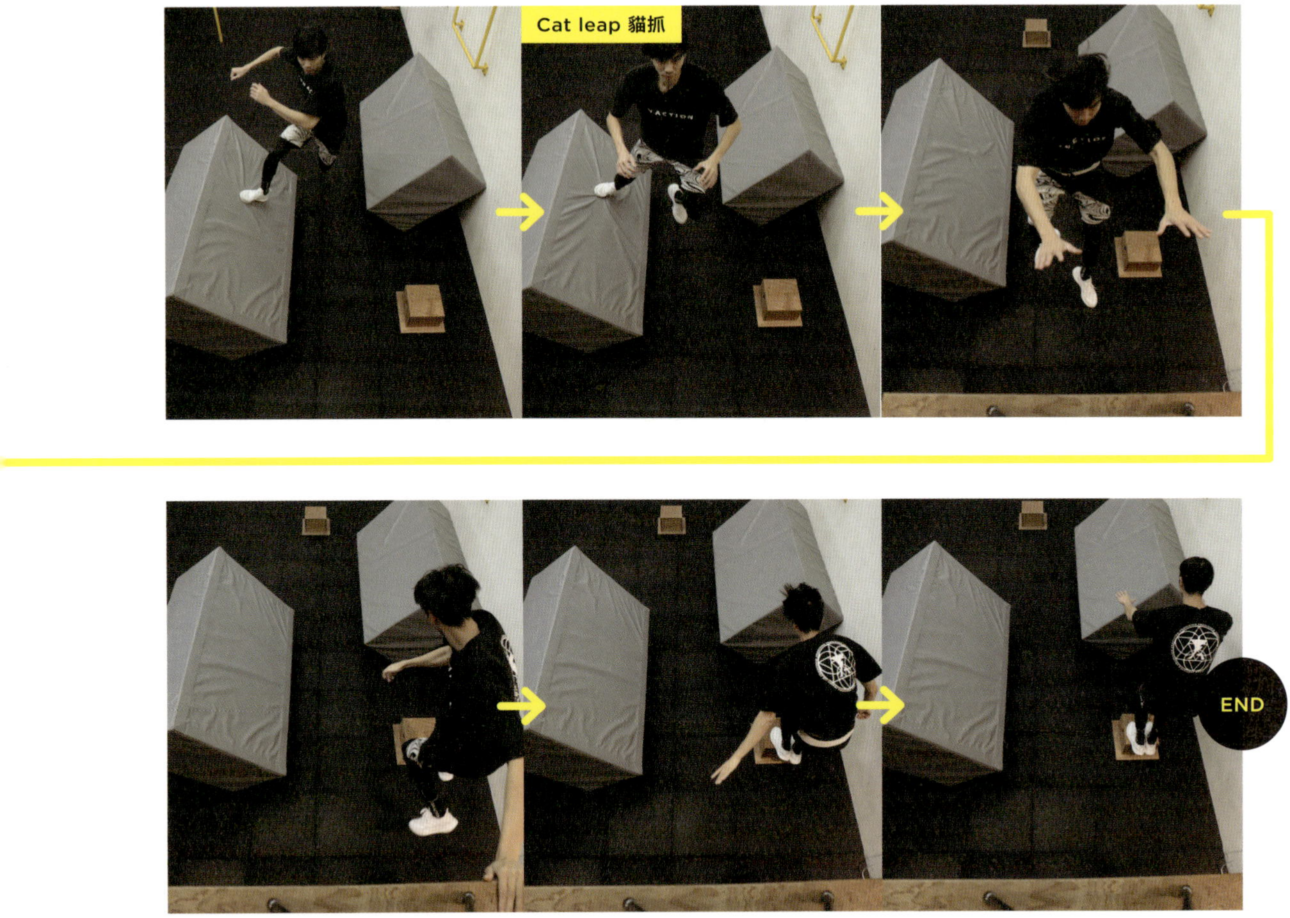

Continuous tic tac
左右踢踏

Cat leap
貓抓

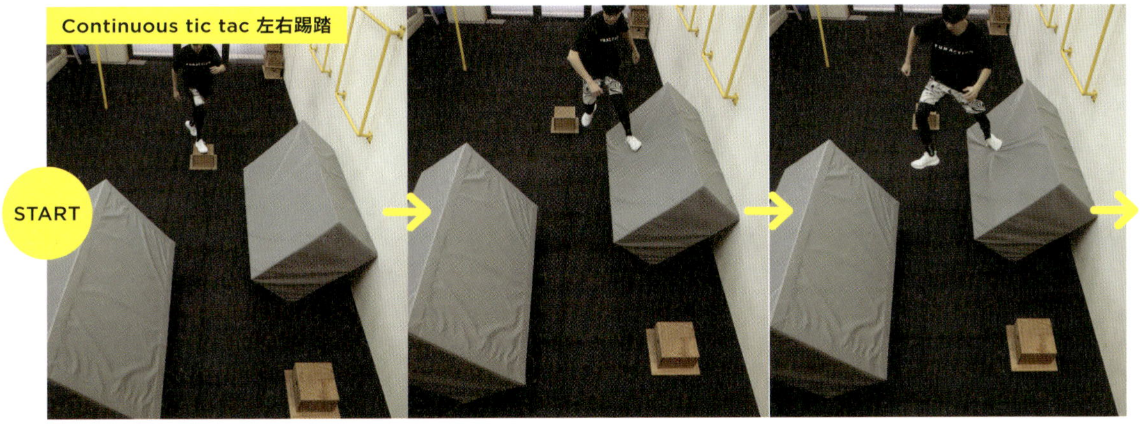

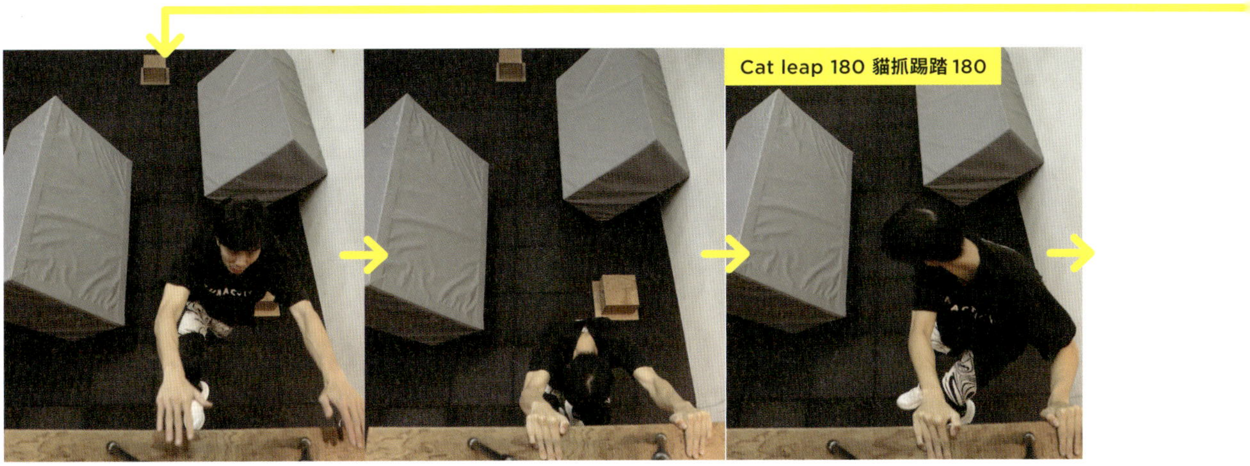

04

擺盪組合

Lache
擺盪精準

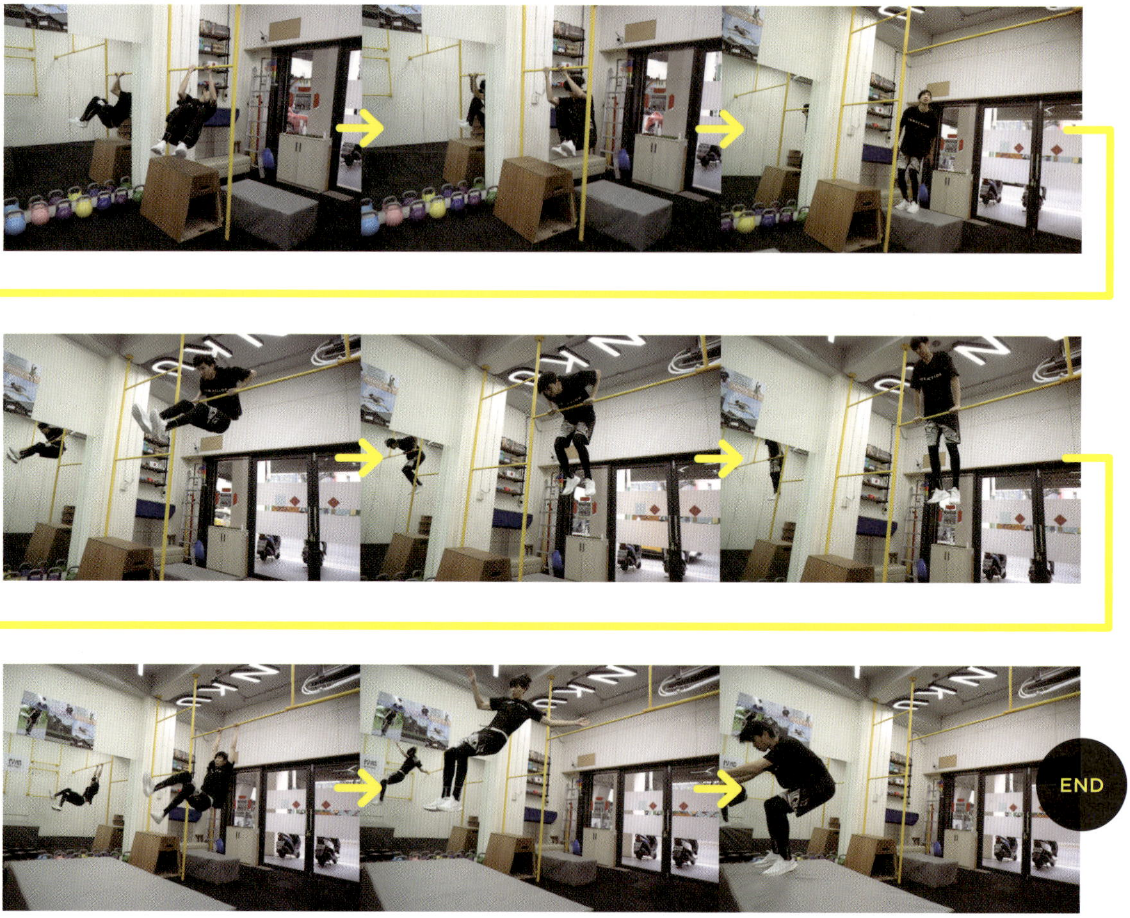

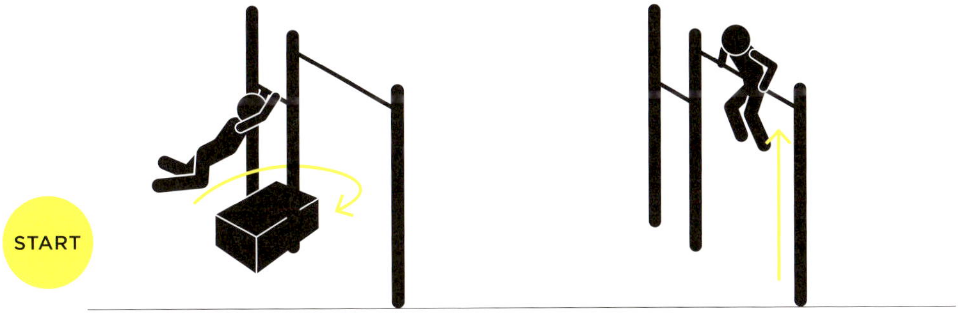

Under bar 180
槓下穿越 180

Upper bar
上槓

05

攀爬組合

Cat leap 180
貓抓踢踏 180

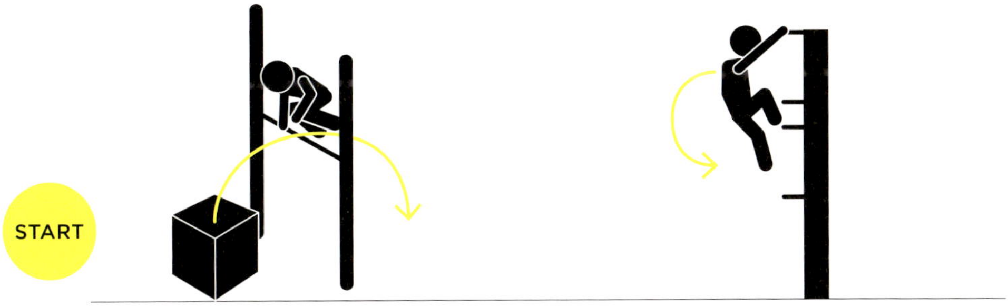

Turn vault
轉身撐越

Descents
垂降

06

翻轉組合

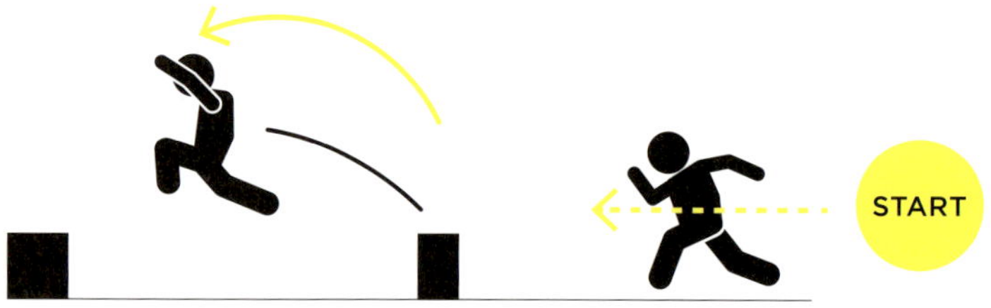

Running Precision
助跑精準跳

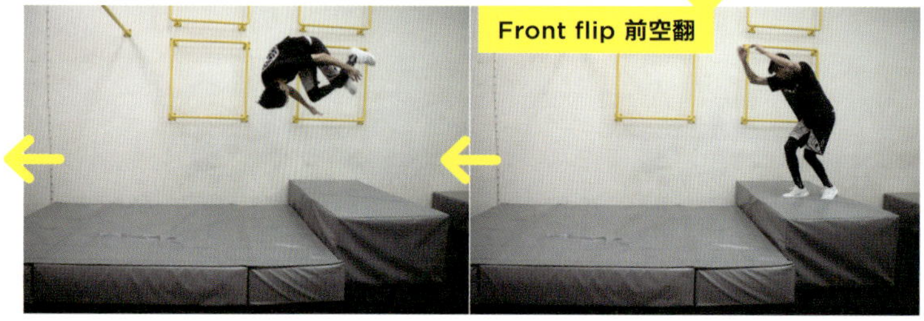

Roll/Parkour Roll
護身

Front flip
前空翻

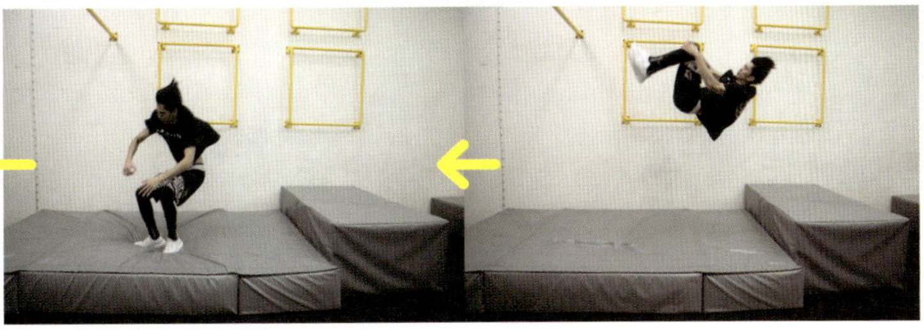

07

組合示範

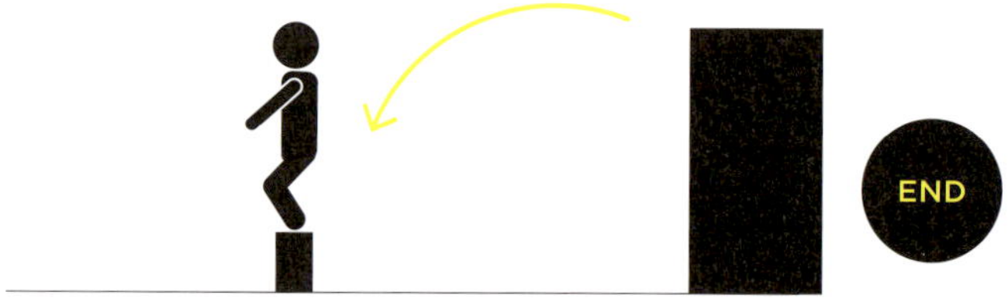

Cat leap 180

貓抓踢踏180

Kong vault
金剛撐越

Cat leap
貓抓

08

組合示範

Running Precision
助跑精準跳

→

Side flip
側空翻

Speed vault
快速撐越

Strides
跨步跳

09

組合示範

END

Lazy vault
懶人撐越

→

Cartwheel
側手翻

Under bar 槓下穿越

Side flip 側空翻

END

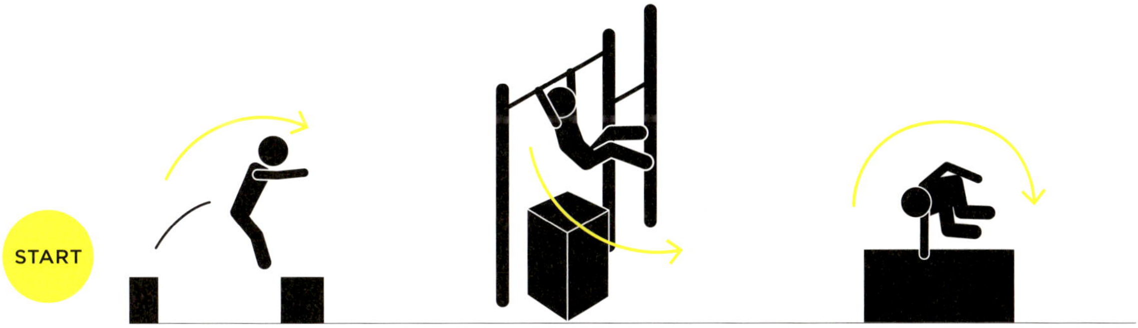

Precision
精準跳
→
Under bar
槓下穿越
→
Palm spin
掌轉
→

10

組合示範

Turn vault
轉身撐越
→
Cat leap 180
貓抓踢踏 180

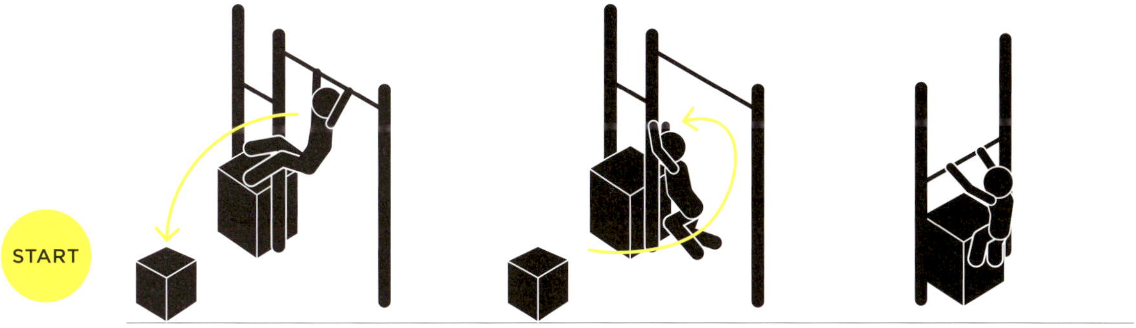

Lache
擺盪精準

Pole spin
繞杆

Cat leap
貓抓

LESSON

09

進入跑酷心流

跑酷心流

三流的跑酷，叫你衝；二流的跑酷，教你技術；而一流的跑酷，帶你進入心流。

在了解心流之前，我們先來談談跑酷中經常提到的「克服恐懼」。恐懼（Fear）是對感知或識別到危險與威脅時，一種強烈不適的情緒。它可能導致不同的行為反應，例如攻擊、防禦，或試圖逃離威脅。有時，恐懼源於當下的刺激；有時，來自對未來潛在風險的預期。在極端情況下，恐懼甚至可能導致身心僵化或癱瘓。

許多人認為恐懼是勇氣的反面，但事實並非如此。恐懼的本質源於人類的生存機制，能讓我們在原始環境中避開危險，讓個體得以生存，是人類適應大自然的本能反應。恐懼是一種適應性的防禦機制，而勇氣則是選擇面對恐懼的意願。勇氣並非無懼，而是經過不斷與恐懼對峙、適應與鍛煉，最終轉化為勇敢與自信。

在跑酷運動中，所謂的「挑戰」，指的是一個你已經掌握的動作，但在某種特定環境或地形下，身體卻因抗拒與恐懼而無法完成。這時，你明知道自己應該能夠輕易做到，卻仍感受到內心的掙扎與遲疑，這正是屬於你的跑酷挑戰。

當你面對挑戰時，學習如何面對恐懼是關鍵。每個人在恐懼下的行為與反應都不盡相同，因此，跑酷的過程就是不斷地站上挑戰的起點，親身感受恐懼，並靜下心來思考：訓練是否已經足夠？現在能否嘗試這個挑戰？

接著，當你決定面對恐懼，並選擇相信自己、信任自己的準備與能力，你終於跨出那一步，完成了挑戰。就在那一瞬間，內心豁然開朗，壓力與疑惑一掃而空。你不再害怕這個挑戰，因為你已經「適應」它了！

這個過程，就是克服恐懼。

不管你訓練了多久，練習有多麼努力，每個人都有符合自己規格的挑戰，有些人是在高樓大廈，有些人只需要和身高差不多高的牆。挑戰的難度也會隨著你的訓練年資、練習經驗而變化。每一種動作，搭配不同的地形，再結合流暢的銜接方式，變化組合的可能性無限，挑戰的可能性幾乎永無止境，這就是跑酷令人著迷之處。

正因如此，恐懼才會如此惱人，它讓你在害怕時遲疑、苦惱，但也正因為恐懼存在，才能令人體會突破恐懼的舒暢感。

「你就不要怕！」這是一句我在新人們練習時經常聽到的話語，有時候現場聽覺得好笑，因為氣氛會因此高漲起來，但這句話聽起來卻也如此徒勞。因為別人的恐懼，不是你說一句話就能突破或超越的，真正的突破或超越挑戰，勢必要花費大量時間去練習與面對恐懼。相反的，如果因為你一句話，他就真的做到的動作，對他來說其實也只是做到他本該做到的事，稱不上挑戰。這情形既適用跑酷的挑戰，也適用於生活上遇到的事。

「克服恐懼」所需要的條件，不是他人的話語，而是透過不斷練習後產生的自信。一個好的教練不應只是在旁吶喊，而是要引導學員找到適合自己的挑戰，並為他制定專屬的基礎訓練、面對挑戰時的自保方法等，待他身體完善、準備充足後，最後的臨門一腳，才可能需要一點情緒高漲的動力與現場氣氛來助推。這時候，旁人的吶喊才真正發揮作用，但這僅佔整個過程的百分之十。這並不是說同伴的加油助威沒有意義，而是如果你沒有先完成屬於你的訓練，再多的吶喊聲都不一定能產生效果，甚至在許多情況下，反而會適得其反。

這正是為什麼，在這個章節的開頭，我寫下了這三句話。最低層級的跑酷教法，就是只會站在一旁吶喊助陣，這類教練或許自己能完成動作，但無法真正體諒學員的心理狀態；合格的教練，則會開始關注技術訓練與身體鍛鍊的方法，幫助學員建立穩固的基礎；而最高層級的教練，不僅理解技術與身體訓練，更能掌握心理素質的影響，懂得如何引導學員進入心流狀態，幫助他們真正突破極限。

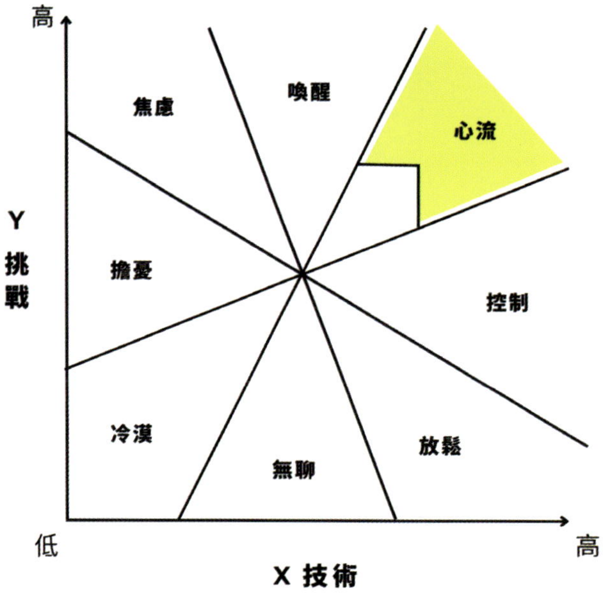

圖一：挑戰與技術的 X Y 軸與情緒反應圖

理解何謂「克服恐懼」後，我們才能進一步談論「心流」。**圖一**是基於挑戰與技術的 X-Y 軸，結合我自身經歷與情緒反應所繪製的圖表。透過這張圖，可以清楚理解：當高挑戰與高技術相交時，才會從「喚醒」與「控制」的過程中，逐漸趨近心流。

當挑戰與技術都處於低水準時，我們的反應通常是冷漠、無聊或擔憂。這也是為什麼一般沒接觸過跑酷的人，在觀看時容易產生「這有什麼好玩的？」或「這不會危險嗎？」的疑問。

當挑戰遠大於技術時，情緒會從焦慮逐漸轉向喚醒。這時候，如果你對挑戰感到擔憂或焦慮，就應該重新思考：這個挑戰對你來說，會不會還太早？你需要回去強化技術，讓身體更加強大，確保自己能夠順利完成動作。否則，恐懼可能會影響你的判斷，甚至限制你的行動。

反之，當技術遠高於挑戰時，情緒則會從放鬆逐漸轉向控制。如果你對挑戰感到輕鬆自在，代表它的難度對你而言已經不再構成威脅，你可以開始尋找更具挑戰性的目標，以觸發心流狀態。

進入心流之前，我們會不斷在「喚醒」與「控制」之間交替徘徊。當你的感官察覺到挑戰的存在，危險感正在喚醒你的身體，而你的心與大腦則開始分析挑戰，評估自己是否有能力掌控它。在這種來回拉扯的準備過程中，當情緒交替達到一個臨界點，你會突然感受到一股平靜與專注。

「我這次要做了！」

這一刻，你知道自己準備好了。周圍的噪音彷彿消失，時間流動變得緩慢，你會全神貫注在你將達成挑戰的那一個「點」。

當你跨出那一步、成功完成挑戰的瞬間，心流帶來的專注與緊張感會瞬間釋放，你感受到一陣豁然開朗。這時候，你未必會興奮地歡呼，反而會有一種深層的放鬆與愉悅，彷彿一切都解脫了。

「啊！原來就這麼簡單！」

「我當初到底在害怕什麼？」

這就是心流的魔力。它不只是技術與挑戰的交會點，而是一種超越自我的體驗，一種真正理解自己的過程。

心流的條件

要達到心流（Flow），需要滿足特定的條件。以下是一些心流的可能要素，並對照我個人跑酷中的真實體驗：

1. 我們主動傾向去從事的活動／動作
2. 專注一致的活動／跑酷
3. 注意力投入在當下／全神貫注環境與困難地形
4. 動作與意識的合併／運動中身體與意識協調流暢
5. 不過度自省／不評估表現，只專注當下決策與執行
6. 目標清晰／每次跑酷挑戰皆有明確目標
7. 立即回饋／成功與失敗的回饋相當明顯
8. 主控感／技能與挑戰的平衡，確保掌控感
9. 憂慮消失／全神貫注的運動，產生多巴胺
10. 時間感改變／體驗流暢，挑戰當下時間飛逝或變慢

幸福的心流

前面我們討論了跑酷中的心流，現在我們放大視角，來看看心流與幸福感之間的關聯。我想，每個人都希望自己的人生更加幸福吧！如果心流能夠提升幸福感，那麼這將是一個值得探索的重要課題。

心流如何提升幸福感？它的機制來自於專注投入所帶來的「滿足」與「成就

感」，這讓人在生活中能夠體驗到深層的快樂。當人們進入心流狀態時，會經歷高度專注、挑戰感與自我效能的結合，而這種狀態會直接影響幸福感的幾個主要層面：

減少焦慮與壓力

心流有助於減少負面情緒，因為當我們完全專注於當下的活動時，焦慮與擔憂難以侵入。這種「當下專注」讓我們得以忘卻過去的煩惱與未來的不安，進而產生一種「自我忘卻」的放鬆感，讓內心變得更加平靜。

提升成就感與滿足感

在心流狀態中，我們會專注於達成一個明確的目標，不論這個目標大小，只要付出了努力並成功達成，就會產生成就感。這種正向體驗進一步增強了內在的滿足感，形成一種正向循環。隨著一次又一次的心流體驗，人們會更加相信自己，確信「我可以成功」，長期下來，這些小小的成就累積成一種持續的幸福感。

增加生活意義感

深度投入與專注的心流狀態，讓人感受到生活充實。心流不只是追求快樂的手段，更是一種發揮潛能、實現內在價值的過程，讓人生更加豐富、找到存在的意義。

以我自身為例，雖然在台灣跑酷界的個人成就並不完美，事後回顧仍有許多可提升之處，但我已經對這個階段的成果感到滿足與意義。如果我的人生意外地在此刻結束，我似乎也能坦然接受。這並不是「我不想活了」的消極想法，而是一種「我的人生已經完成了一個重要的意義，接下來還有時間去追尋其他意義」的知足感。

建立積極的正向反饋

當一個人經常體驗心流，並感受到它帶來的滿足感與幸福感時，這種正向體驗會促使我們不斷追求更多心流狀態。心流本身成為積極的驅動力，讓我們更願意接受挑戰、提升自我，進而讓生活中的小事物都變得更加充實而美好，幸福感也隨之提高。

在跑酷的訓練中，每當我進入接近心流的狀態，總能達成一些不容易的挑戰。我享受這個過程帶來的快樂，而不過度執著於結果，因為結果本身並非完全可控。我更關心的是：我的訓練量是否足夠讓我有機會面對這個挑戰？如果準備還不夠，那就回去練習；如果我認為自己已準備充分，那麼無論結果是成功還是失敗，我都能坦然接受。專注於享受過程，並從每一次挑戰中獲得成長，這才是真正帶來幸福感的關鍵。

心流與成就

由於心流是一種極為複雜的身心極限狀態，在缺乏精密的大腦檢測與數據佐證的情況下，任何人都可以聲稱自己曾經體驗過或進入心流。然而，若依據前述對心流的定義與進入條件來看，真正進入心流狀態的人，必須完全投入當下的活動，並且在挑戰與技能之間達成的平衡。如果一個人比其他人更頻繁地進入心流狀態，這意味著他能夠更專注、更高效地投入於挑戰與學習之中。這樣的人勢必能夠取得比其他人更卓越的成就，甚至完成一般人未曾達成的目標。

每個人都會主動靠近讓自己快樂的事物、避開帶來痛苦的經驗。然而，為了進入心流狀態，我們就願意對自己有所要求，願意承受他人眼中艱辛的訓練與挑戰，只為了達成內心深處的滿足感。當然，一個人的成就高低會受到先天的天賦與後天的環境影響，但無論出生在哪個國家、成長於哪種家庭背景，每個人進入心流的條件都是均等的。因為當一個人進入心流狀態時，心理層面會產生成就感，而現實層面則會累積實際的成果。

因此，若一個人在他最關注、花最多時間投入的領域，擁有遠超他人的成就，那麼這不僅僅是因為他的天賦特別高，更可能是因為他比其他人更頻繁地進入心流狀態。正是這種狀態，讓他能承受他人難以接受的訓練過程，持續突破自身極限，並最終獲得超越性的成果。

「人如果不沉醉於某些東西，大概撐不下去吧？畢竟我們所有人，都是某些事物的奴隸。」——《進擊的巨人》

心流就像毒品一樣，能讓人上癮。只要曾經體驗過心流，就會渴望再次進入那種高度專注、滿足與成就感並存的狀態。對我來說，我之所以持續挑戰更高難度的地形與動作，並非外界所認為的「跑酷人愛追求刺激」，而是因為我熱衷於跑酷帶來的心流成就感。這種狀態不斷驅使我超越自己的極限，不是單純尋求危險與腎上腺素的快感。然而，與毒品不同，心流並沒有透過藥物的化學作用來改變腦部機制。雖然在情緒與意識狀態上，兩者確實存在一些相似之處：

高峰經驗

心流與某些毒品能產生高峰體驗（Peak Experience），讓人在當下感受到極致的滿足與愉悅。

沉浸感

進入心流的人會有一種與外界隔離的感覺，完全沉浸在當下的挑戰中，這與某些毒品帶來的自我抽離或深度沉浸的效果有一定的相似性。

專注的轉移

心流要求人將所有注意力集中在特定的任務上，而某些毒品則能改變注意力的焦點，使人專注於特定的內在或外在感受。

但是，心流與毒品本質上仍存在根本性的區別，即使在體驗層面上可能有些相似之處，兩者的核心機制卻是截然不同的：

內在驅動

心流的達成依賴於個體的內在動機與專注，是由自身意志與行動累積而來，而非透過外在物質直接影響大腦化學來達成。

長期影響

心流促進個人成長與技能提升，並轉化為實質的成就，但毒品則容易導致依賴，最終可能對健康與人際關係造成負面影響。

健康性

心流不僅對身心無害，還能強化心理韌性與生理狀態，相反地，毒品則可能帶來成癮風險與身體損害，甚至影響整體生活品質。

雖然心流不一定能直接預防成癮，但它確實有助於提升心理健康，讓人更能抵抗不良行為的誘惑。心流是一種健康的「正向替代」，讓人在日常生活中獲得自然的滿足與意義，進而降低對毒品等不良習慣的依賴。

心流的正向沉迷不僅無害，反而能帶來身心成長。學習、創作、運動等活動，能讓人獲得持久的快樂與成就感，幫助個人持續進步。相反地，當沉迷轉向毒品、賭博等行為時，就成為負向沉迷，不僅破壞身心健康，還可能讓人陷入惡性循環。這些行為往往是基於短暫的逃避需求，但它們無法帶來真正的滿足，最終只會使人越來越空虛。

人類需要沉迷，更準確地說，是需要投入。這種投入能幫助我們從生活中獲得深層的滿足，而不僅僅是依賴外在的短暫刺激。當我們找到健康的沉迷，就能將這種需求轉化為正向的動力，進而邁向更長遠的幸福與成就。

祝福各位讀者，找到屬於自己的心流進入方式，產生正向循環，讓人生更加幸福且有所成就。

❹ 修正

跑酷運動員的生涯，始終會有終點的。

總有一天，我們身體所受過的傷害，已經累積到不再能創造極限，過去努力訓練所承受過的物理傷害，有很多都不會復原了；當年紀漸長，已經不再像年輕時那麼渴望激烈運動，這時不免心生疑問：這麼奮力去挑戰限制、去發揮自我極限的往日時光，會不會只是在盲目追求刺激與社群認同？這樣的結果是不是完全不值得？

放眼台灣跑酷圈，我雖不是單一傷害最重的運動員，但我絕對是目前受過最多傷後還能不斷站起來的那位。由於大學畢業前肩膀曾脫臼過，導致之後我的擺盪幅度受限；腳踝韌帶也曾斷裂，以致左腳耐力變差、活動度變小。慶幸的是，我未遭受過大型骨折傷害，只是韌帶的損傷對運動員而言有時比骨折麻煩，即便復健後運動能力還是會下降。因此，我認為會心生疑問是正常的。也許我們不應該只為追求刺激、社群認同這類表層原因，而付出無可復原的受傷代價。或許，以為了鍛鍊出更強的身心靈為目標，才能在我們訓練跑酷後，學習到其精神並讓它永存心中。

儘管已經盡力避免受傷，還是會有受傷的風險，就像搭乘交通工具時，我們明白風險無法完全消除，然而目的是為了更高效地完成有意義的事情（如工作、旅行），這樣的風險是可以接受的。同樣，跑酷的風險也是基於我們選擇的意義。唯一不同的是，跑酷的風險是我們主動選擇的挑戰，這種風險並非多餘，而是一種自我探索的過程。關鍵在於我們應當在練習跑酷時，明確思考出有意義的目標，我認為**意義等於時間乘以思考**，是自我經過時間思考而來的。當你要完成一個挑戰時，我建議要花點時間思考你為何而做、值得你付出的風險代價是什麼？當然，也許有些人的人生目標在於追求表層意義，這都是出自自我的思考，但我想提供大家一個我認為不錯的目標，那是我在跑酷時感受到那份超越自我的精神，由我個人的經歷加上多年思考後提煉出來，這個我最想傳遞的想法與價值——「強者教育」。

不斷修正的人生態度

我們分享願意不斷修正失敗的人生態度與精神。

隨著時間的推進，體魄與精神會越來越茁壯強悍，從內而外展現出自信與酷炫的氣場。跑酷的訓練動作只是過程，真正影響人生的是精神與態度，它們超越了運動的界線。無論是什麼年紀、從事什麼工作，只要堅持實踐目標，回頭一看發現自己已經成為我認為的「強者」。

基於這個理念，我開始創造屬於自己的工作室，不僅提供跑酷的基礎訓練，還邀請健身教練整合功能性訓練。這讓跑酷不再只是被視為「耍酷」的運動，而是一種推廣「強者教育」的方式。我希望透過這樣的教育，幫助人們找到內心深處那份渴望變強的自願性動力，進而啟發他們不斷超越自我。

我選擇作為一個強者，每當事件、困難、挑戰來到我面前時，我都會接受能讓我變強的選項。跑酷精神經過我的經歷及生活內化後，已不再只是跑酷的精神，而是我自由意志的體現。不只是關於我如何跑酷，而是關於我如何選擇成為什麼樣的人。當跑酷精神昇華為我的哲學時，就不再和其他跑酷人完全相同，或許我們跑酷的核心精神是共通的，但融入我的思考與經驗後，就成為獨特且唯一的存在，是一種專屬於我的哲學。可能有人會某部份與它契合，但不會全然一致。

這樣的跑酷哲學雖然借鑑了跑酷的歷史與演變，但也穿插了我個人獨立的思考與經驗，讓我想起法國哲學家笛卡爾的命題「我思故我在」。如果有一天，你也能這樣傳達你自己獨特的跑酷精神，也許，你已經在創造屬於自己的跑酷哲學了。

期待你來嘗試跑酷這項運動！對兒童來說，跑酷是一種在趣味中培養基礎體能的運動；對青年而言，則是挑戰自我、突破極限的契機；而對年長者，則能學習如何保護身體、保持靈活性。一位好的跑酷教練，會根據不同年齡與需求的客群，為你量身打造適合的動作與訓練菜單。

我們不會告訴你跑酷一定要完成什麼動作，因為挑戰自我的權利，始終只在於你自己。

攝影◎ Fun Action 提供

05 Interview

Behind Interview

跑酷會開啟你的想像力

本篇對話是出版團隊第一次與作者螞蟻見面時閒談的紀錄整理，其中關於跑酷在台灣的現況、他對跑酷精神獨特的看法，有些寫書時沒有提及的，收錄在這裡。

採訪整理—許凱棣

目前對於辦跑酷比賽，普遍的發展如何？

最早是大概二〇一四年協會剛成立時，到了二〇一五年後，協會內部對於是否舉辦比賽出現了一些爭議，而當時我並未參與其中。爭議的核心在於跑酷的理念該如何定位。像跑酷歷史中最早的團體 Yamakasi，他們重視源於大自然訓練法和軍事化訓練的「共好共強」理念。他們認為跑酷的目的是讓群體變得更好、更強，而非像大衛．貝爾那樣強調個人主義，將跑酷視為自我挑戰或競爭的手段。因此，有一部分人希望將跑酷發展為類似瑜伽那樣的「運動鍛鍊」(exercise)，著重於修養身心與提升整體健康。但如果朝比賽的方向發展，就會讓跑酷更接近於「運動競技」(sport) 的定位。這兩種路線的分歧，正是當時爭議的關鍵所在。

所以，當時我覺得自己並沒有達到參與競技的程度，一開始也不太清楚該怎麼解釋這些理念的分歧。後來，我慢慢釐清了，現在比較能清楚地說明：我認為跑酷可以分成兩個方向，一個是偏向「exercise」，注重身體運動和健康鍛鍊；另一個則是走向「sport」，也就是競技運動或強化體能的層面。因為理念不同，目標不同，自然會產生紛爭。

我後來對這件事的看法也變得比較平和。剛好因為我本身是運動科系出身，自然而然支持競技化的「business sport」方向，但同時我也了解「exercise nature」這一派在追求什麼。坦白說，我覺得兩種路線都不錯，都值得嘗試看看。就我個人而言，因為自己沒有什麼比賽經驗，所以我的態度是：如果要辦比賽，那就先做看看；如果大家不想辦，我也沒問題，可以配合不辦。畢竟，對我來說，我的專業背景已經足夠支撐我的定位，我不需要靠比賽來證明自己。

可是後來發生了國際體操協會試圖將跑酷納入為他們的子項目，推動跑酷進入奧運。這件事引發了極大的爭議。具體來說，國際體操協會的計劃是將跑酷視為一個類似彈簧床的項目。彈簧床已經是體操的子項目之一，跑酷若被納入，也將成為體操項目中的一部分。然而，跑酷社群中有一部分人強烈反對，大家普遍認為跑酷本質上並不是體操，也不應該被框限在體操的規則與制度下。

國際體操協會的觀點則是，跑酷過於街頭化、缺乏規範，要是能將跑酷納入體系，就能幫助這項運動進入主流市場，並以更商業化、更制度化的方式推廣。這就形成了雙方的角力：一方主張維持跑酷的自由精神與街頭文化；另一方則認為，透過制度化與規範化，跑酷能夠獲得更大的發展空間和市場認可。

所以我覺得這兩種不同的理念其實一直在角力。後來，我在協會裡提出了一個觀點：你們討厭體操協會，但如果我們自己不辦比賽，遲早會被它吃掉。我對這件事的看法是，要嘛我們自己先辦，辦出一定的規模，等到他們想進來時，也不會這麼容易動搖我們的地位。甚至，他們可以辦他們的比賽，我們也可以辦我們的，就像奧運辦奧運，ＮＢＡ辦ＮＢＡ。有哪個比較好嗎？如果是我，我會去參加ＮＢＡ，賺的錢比較多，我就沒那麼介意奧運。但是每個人想走的方向不同，所以我覺得辦比賽這件事情的意義在於，與其等著別人來定義跑酷，不如我們自己先鞏固好這個基礎。**如果遲早都會有比賽，我寧願由跑酷人自己來建構，做出一個更貼近我們理念的比賽形式**。你如果什麼事都不做，一直說我討厭這個比賽，然後直到有一天它真的進來這個市場，然後你還在做一樣的抱怨，我就不想這樣。我對於一直抱怨沒什麼興趣。

你書中提到所謂「降維思維」是指什麼？

降維這個想法其實是從我在跑酷教學的時候想到的。像我們動作上的拆解，就是一種「降維」的思維。你要怎麼把一個動作，分解成更細的或是更簡單的動作，讓別人去做到，甚至簡化到讓老人都做得出來。

國外已經開始在推廣老人跑酷，就是從最簡單的，像踏階梯、站平衡這些。他們不能做很大的跳躍，但可以做基本的攀爬。像今年我們有台灣選手去中國比賽，聽說有五十七歲的跑酷者還來參加比賽，他都還可以跳躍，爆發力、肌力也都還不錯。

你覺得跑酷會受到哪些心理壓力？

我覺得台灣人的觀念也有改變，大家對跑酷的理解跟十年前已經不太一樣了，現在普遍更能接受一些。像現在的家長，很多都把跑酷當作一種運動來看待，但如果是十年前，家長看到小朋友在跑酷，大多數的反應可能是「這是在玩命」，甚至覺得小朋友在學壞。那時候的印象真的很負面。經過這十年的推廣，我覺得整體接受度進步了很多。現在很多家長的年紀跟我差不多，有些才三十幾歲而已，原本那些年輕人也都成為家長在帶小孩了。他們的觀念相對開放，對跑酷的接受度明顯更高。不過，雖然大多數人現在能接受跑酷了，但偶爾還是會遇到一些比較保守的看法。

跑酷影片拍攝事前要先準備嗎？

我覺得跑酷的人都是到了現場，看到地形才會想到要怎麼做動作。我規劃跑酷動作也是要看現場的地形，才去設計要怎麼樣做。這也是對沒練過跑酷的人跟跑酷人想法最大的落差。**在我們眼裡，走到外面任何地方都跑酷場**。

但對一般人來說就會想知道跑酷有沒有什麼固定的場地？可是我們腦中其實會自動組織好路線，**我看到外面各種的牆壁、欄杆，這些對我們來說都是路線**。

跑酷會開啟你一種對「路線」的想像力。如果一個人對路線的想像力越強，就越能成為受大家喜歡的跑酷運動員。跑酷人特別喜歡那些路線很特別、想法很不一樣的人。比如說，有些運動員的動作是很乾淨俐落的，極致又準確，這是一種比較制式派的風格。但還有一種風格，讓你完全猜不到下一步要做什麼動作，或者下一步的路線會怎麼走。**我覺得跑酷人蠻喜歡這種「沒想到」的感覺**。就好像我們約在一個地方見面，大家都騎車、開車過去，偏有一個人突然降落傘過去，你會覺得他很厲害。

我覺得跑酷運動能幫助小朋友培養思考能力。因為傳統的教育方式偏向填鴨式，主要是一直輸入知識，但跑酷是需要輸出的。你得主動去想像，怎麼樣能做得更好。其實我覺得這一點跟攀岩很像。攀岩也非常需要思考，特別是在設計攀爬路線的時候。攀岩和跑酷的共同點在於都要求人主動去規劃和思考，對孩子們的思維啟發是很大的。

附錄 1

跑酷環島

＼ 挑戰！跑酷環島 ／

台灣跑酷地圖

Parkour Taiwan Map

本附錄將台灣各地適合跑酷的地點列表，這些地點皆以公開開放、不具爭議為主，方便有興趣的跑酷同伴前往找到自己的挑戰！

掃瞄進入 GOOGLE MAP 得到
完整跑酷地圖與各地點挑戰影片

蘆洲捷運公園

在欄杆上貓平衡作為起步，接著到廣場區 挑戰跑牆上牆。再進入連續高牆區，分別在七面牆上練習貓抓上牆。最後，則是結合跑牆、兩次助跑精準跳與貓抓踢踏的連續動作。

玉泉公園

小石椅上練習四次連續精準跳來暖身，隨後前往旁邊的無障礙坡道進行兩次撐越。再來結合小石椅與無障礙坡道，完成魚躍金剛。最後，回到無障礙坡道挑戰助跑精準跳。

\ GO! /

Keelung
基隆

國立台灣海洋大學

從人文大樓練習蜘蛛人攀爬暖身，進階到圖書館旁的無障礙坡道挑戰連續撐越，接著在校史館旁的樓梯練習轉身撐越、貓抓下移與速降組合，最後直上難度最高的環態所館助跑精準跳。

Taoyuan
桃園

中壢光明公園

以小斜牆為起點，練習跑牆上牆，而後轉入蹦床區，挑戰三次蹦床精準跳銜接空翻。接下來是在大斜牆附近的移動路線，上牆後進行金剛精準與撐越。最後在小斜塊旁高牆區，完成貓抓移動、貓抓踢踏、金剛精準與護身的連續動作。

陽明運動公園

首先在石陣區，找一塊石頭進行懶人撐越，之後到圓形廣場尋找欄杆挑戰貓抓。接下來在高牆練習跑牆上牆，最後移動到廁所上方，挑戰小面積的精準跳。

內壢莊敬廣場

從燈柱開始練習繞槓精準，接著到天橋廊道，組合精準跳、反貓抓下與貓抓踢踏。之後移動到停車場樓梯出口處，挑戰助跑精準跳。最後，在燈柱與無障礙坡道間，串聯金剛精準、擺盪精準與助跑精準跳，完成最高難度的挑戰。

New Taipei
新北

國立台北大學

體育館前的廣場展開金剛撐越，接著在體育館廁所前的斜牆練習壁轉。結束後前往音律電機資訊大樓的無障礙坡道進行三次精準跳，再來挑戰更高難度的助跑精準跳與空翻收尾。

永和四號公園（八二三紀念公園）

首先在石頭區掌轉作為起步，接續在石頭間進行踢踏精準，再來拉長距離練習助跑精準跳。最後前往綠磁磚高台挑戰最高難度的跑牆結合魚躍前空速降。

板橋萬坪公園

一開始在滑輪廣場的欄杆間練習槓下穿越來暖身，之後轉往廣場旁的水池挑戰跨步跳。接下來前往紅牆，結合跨步跳與貓抓。最後則是拉長距離，在石椅與紅牆間進行助跑跳與貓抓。

Taipei
台北

天母跑酷公園

入口附近的小斜塊進行左右踢踏作為起步，接下來移動到大樹下的斜牆練習跑牆上牆，再來挑戰高欄杆區，結合擺盪精準與精準跳，最終再次回到入口挑戰高強度的金剛撐越精準。

康樂＋林森公園

首先在林森公園的小牆壁間精準跳，接著轉戰康樂公園，拉長距離挑戰助跑精準跳。隨後在大牆壁上練習三個連續跨步，最後整合貓抓、踢踏與精準落地三項技巧，完成一套完整的移動路線。

國立台灣大學

從分子之間的精準跳展開練習，接著在化學館外的低牆進行坐推撐越。再回到分子之間，結合助跑精準與空翻。最終來到小福的紅牆，挑戰精準跳結合前空翻速降。

Nantou
南投

國立暨南國際大學

以學生活動中心為起點，練習轉身撐越與貓抓上下移動。接著在圖書館側面的無障礙坡道上連續撐越。完成基本動作後，移動到人文學院，結合跑斜坡、下降與護身。最後轉往桃院後方，挑戰蜘蛛人攀爬銜接貓抓上牆。

Changhua
彰化

國立彰化師範大學

這次的挑戰地點都在無障礙坡道。首先前往教務處，進行連續兩個撐越，銜接撐越精準暖身。接下來移動到司令台後方，練習精準跳、跑牆與金剛撐越的三段式組合。完成後，轉往研究發展部，挑戰助跑精準跳加上跨步跳。最後，再次回到司令台後方，以貓抓收尾。

Yunlin
雲林

國立雲林科技大學

從藝術中心前的連續跨步跳開始，接著來到管理學院，進一步挑戰連續精準跳。完成後，前往易習堂，在無障礙坡道上跑牆與兩次精準跳。最後，移動到宿舍後方，完成金剛貓抓與貓抓 180 的組合動作。

Taichung
台中

台中市長青活動中心

在活動中心字牌上貓抓上下移動暖身，下一個場地是公園周邊，先練習金剛撐越與護身技巧，接著挑戰金剛撐越精準。最後來到無障礙坡道，完成助跑精準跳搭配貓掛垂降的連續動作。

英才公園

以藍白彩繪牆為起點，進行兩次精準跳，接著在斜坡走道下方助跑精準跳。結束後來到小圍牆區，練習兩次精準跳接金剛撐越。完成這一連串動作後，前往高牆區，挑戰撐越、下降與空翻。

豐樂雕塑公園

從連續欄杆區的單手擺盪開始，接下來移動到洞牆中間，練習貓抓接蜘蛛人攀爬。結束後登上洞牆上方，挑戰跨步跳加上助跑精準跳。最後來到欄杆擺盪區，擺盪後貓抓上牆，完成最高難度的挑戰。

草湖防災公園

一開始在無障礙坡道上精準跳，進入狀態後，可以選擇往高牆區上牆，或留在原地練習助跑精準跳加上精準跳。隨後回到無障礙坡道，練習懶人精準接坐推精準。最後移動到廣場區，挑戰助跑精準跳、金剛撐越與跑牆的整合動作。

Hsinchu
新竹

國立清華大學及國立陽明交通大學

從國立清華大學的台積館開始，在階梯上練習精準跳，接著結合金剛坐推、側滾和精準跳。完成後，移動到國立陽明交通大學的浩然圖書館，完成跑牆上牆、轉身撐越與速降的連續動作。最後，以助跑精準跳收尾。

新竹公園

在小走道間練習精準跳暖身，接著轉向旁邊的花圃區，拉長距離挑戰助跑精準跳。再來移動到入口走道，進行踢踏、貓抓與貓抓踢踏的組合。最後，返回花圃區下方的階梯，挑戰高難度的助跑銜接貓抓。

Miaoli
苗栗

竹南運動公園

首先在滑輪欄杆區練習平衡行走，接著挑戰連續三段欄杆撐越。之後移動到泳池後方的建築物，結合轉身撐越與連續下降。最後，在彩虹通道上，完成精準跳、坐推撐越與空翻的整合練習。

Pingtung
屏東

屏東縣
青少年中心

Taitung
台東

國立台東大學

Hualien
花蓮

陽光電城
觀海平台

Yilan
宜蘭

礁溪溫泉公園

宜蘭運動公園

Tainan
台南

國立成功大學

從圖書館外展開練習，以連續下降接護身的組合喚醒身體，接續進行貓掛下降與金剛精準。接下來移動到修齊大樓修習講堂，練習貓抓踢踏、貓抓 180 再上牆的連續動作，最後則挑戰金剛精準接精準跳結束這次的訓練。

Kaohsiung
高雄

國立中山大學

首先在中央廣場進行兩次金剛坐推暖身，接著轉往全家前方階梯，挑戰連續三次上牆。完成後移到全家後方山坡，練習槓下穿越、精準跳與兩次撐越的連貫動作。最後，以金剛精準收尾。

高雄
美術館車站

一開始在中央樓梯口精準跳進行暖身，接著練習貓抓踢踏加精準跳。然後轉向側面靠近人行道啟動路線，挑戰左腳踢踏與撐越。最後以撐越接助跑精準跳結束練習。

Chiayi
嘉義

國立中正大學

一開始在教育學院暖身，攀爬至頂端再回到地面。接著前往行政大樓，練習金剛精準與兩次精準跳的組合。結束後移動至體育館的樓梯處，挑戰高處下降。最後，來到體育館的平台完成高難度的精準跳。

中正公園

首先在單槓區練習擺盪精準，接下來移動到成吉思汗人像，完成金剛精準與魚躍金剛的連續動作。再來轉戰中央白矮通風口上方，挑戰雙重金剛。最後來到紅牆地下出入通道，以速降與護身作為結尾。

嘉義公園
射日塔

這次的挑戰地點都在無障礙坡道。第一個挑戰先以連續精準跳啟動身體，接著練習助跑精準跳加上精準跳。完成後挑戰兩次金剛精準，再以兩次精準跳收尾。

附錄 2

跑酷動作中英對照表

排序依本書各課程順序

四足運行 Quadrupedal movement

貓走 Cat walk
猴走 Monkey walk
猩走 Kong walk
蟹走 Crab walk
大猩猩 Gallop
橫向移動 Lateral movement

落地 Landing

落地 Landing
四足落地 Landing with hand
落地護身 Landing to roll

跌倒 Falling

護身 Roll/Parkour roll
倒立 Handstand
魚躍護身 Dive roll

平衡 Balance

欄杆蹲站 Rail squat
欄杆行走 Rail walk
欄杆貓平衡 Cat balance
蜘蛛人平衡 Spiderman balance

擺盪 Swinging

槓下穿越 Under bar
擺盪精準 Lache
上槓 Upper bar
繞杆 Pole spin

跳躍 Jump

鶴立 Crane
精準跳 Precision
助跑精準跳 Running precision
跨步跳 Stride
貓抓 Cat leap

攀爬 Climb

上下牆 Climb up & down
爬杆 Pole climb
貓抓移動（四向）Cat leap movement
蜘蛛人攀爬 Spiderman climb

撐躍 Vault

懶人撐躍 Lazy vault
快速撐躍 Speed vault
金剛撐躍 Kong vault
坐推撐躍 Dash vault
金剛坐推 Kash vault
轉身撐躍 Turn vault

翻轉 Flip & Spin

掌轉 Palm spin
側手翻 Cartwheel
180+360 跳躍 180 Jump & 360 jump
前滾 Front roll
側滾 Side roll
後滾 Back roll

跑牆 Wall running

踢踏 Tic tac
踩牆 Wall run
踩牆撐躍 Pop vault
貓抓踢踏 180 Cat leap 180

進階 & 其他動作

360 精準跳 360 Precision
360 貓抓 360 Cat leap
旋轉撐越 Reverse vault
金剛精準 Kong precision
雙重金剛 Double kong
金剛前空 Kong front
踢踏貓抓 Tic tac Cat leap
360 跑牆 360 Wall run
左右踢踏 Continuous Tic tac
踩牆後空 Wall flip
擺盪後空 Fly away
懸空上牆 Hanging climb up
垂降 Descent
壁轉 Wall spin
側空翻 Side flip
推牆後空 Palm flip
擺推後空 Castaway
前空速降 Front flip drop
屈身上槓 Bar Kip up
暴力上槓 Muscle up
滑杆 Pole slide
貓掛 Cat hang
單手貓抓 One hand Cat leap
擺盪蹦牆後空 Lache punch wallflip
魚躍金剛 Dive kong
引體向上 Pull up
撐體 Dip
後翻上槓 Pull over
動態 Dyno

入魂 34

馬路太無聊，我選擇跑酷：台灣第一本跑酷入門指南（動作示範全圖解＋45組真人影音示範QRcode）

作　　者｜韓順全（螞蟻）

堡壘文化有限公司
總 編 輯｜簡欣彥　　副總編輯｜簡伯儒
責任編輯｜倪玼瑜　　編輯協力｜許凱棣、曹雅晴
行銷企劃｜言外企畫
封面設計、內頁構成｜IAT-HUÂN TIUNN

出　　版｜堡壘文化有限公司
發　　行｜遠足文化事業股份有限公司（讀書共和國出版集團）
地　　址｜231 新北市新店區民權路 108-3 號 8 樓
電　　話｜02-22181417
傳　　真｜02-22188057
Email｜service@bookrep.com.tw
郵撥帳號｜19504465 遠足文化事業股份有限公司
法律顧問｜華洋法律事務所　蘇文生律師
印　　製｜呈靖彩藝有限公司
初版 1 刷｜2025 年 06 月
定　　價｜新臺幣 999 元
ISBN｜978-626-7728-03-1（平裝）
978-626-7728-04-8（Epub）
978-626-7728-05-5（Pdf）

國家圖書館出版品預行編目 (CIP) 資料

馬路太無聊，我選擇跑酷：台灣第一本跑酷入門指南 / 韓順全（螞蟻）作 . -- 初版 . -- 新北市：
堡壘文化有限公司出版：遠足文化事業股份有限公司發行，2025.06
272 面； 19x26 公分　ISBN 978-626-7728-03-1(平裝)
1.CST: 運動　528.9　114006035